高中体验式主题教育课
理析与例说

蒋伟勇
卓月琴 编著

上海社会科学院出版社

序

彰显主题教育课的活力和魅力

高中时期,是学生思想品德、政治观念逐步形成并开始向成熟发展的时期。高中德育肩负着教育学生形成正确世界观、人生观、价值观的重要责任。现实中,高中学生面临着学业压力以及身心的巨大变化,往往容易产生一些不恰当的想法和行为。而学校德育常常受到教学的挤压,未能很好实施,以致流于形式。班级作为德育的主阵地,班主任作为德育任务的直接承担者,如何在高考新政的背景下提升德育实效,是一个需要深入探究的课题。

主题教育是班会课的常用方式,是班主任根据班级学情,设计、组织的教育活动。近年来,青浦区教师进修学院德研室与上海市朱家角中学携手,基于"体验式德育"理念,对主题教育活动深入进行实践研究:围绕情境创设,细化德育观念,引导学生开展心灵对话;通过实践体验,拨动学生心弦,让学生对教育主题可感受、能领会、懂反思,由此促进学生加快成长。历经多年探索,将研究成果汇成本书——《"课"动心弦——高中体验式主题教育课》。

本书分为两部分,一是理论篇,围绕"基于体验式学习:德育主题教育课"的要旨,阐述主题教育的内涵、理论依据、现实意义,以及体验式主题教育课的设计;二是实践篇,包括理想信念、学业规划、生活能力、心理健康、职业探索5个方面的指导,共开发了36节课。这些课,在学校应用实践中,其实效性逐步得到呈现,使学生的生活问题得到疏导,学业难题获得指导,还有人生规划得到向导,不断唤醒学生的内在驱动力、激发潜能,让他们找到学习的热情与动力,彰显了德育主题教育课的活力和魅力。本书的特点,主要体现在以下4个方面。

一是主题教育走向课程。借鉴学科课程设计的成功经验,依据课程规划的四要素,即课程目标、课程内容、课程实施、课程评价,全方位地对整个主题教育活动进行构建,包括设计与筹划、实施与评价。这一基于课程建设的运作思路,对于改进、改善当下班会课的实施模式,提高德育的有序性与有效性,是一种不乏创意的尝试。

二是教育内容贴近实际。主题教育课的内容围绕理想信念、学业规划、生活能力、心理健康、职业探索5个方面的指导,选择与学生日常学习生活密切相关的教育内容,力求贴近学生、贴近实际、贴近生活,这样更能打动学生心灵。

三是教育方法注重体验。学校崇尚实践体验式学习理念,旨在增强德育的实际有效性。课程实施中,要求班主任注意选取贴近社会实际、贴近学生生活的鲜活素材,通过创设丰富的教育情境,引导学生在体验中感悟,在感悟中内化,实现知行合一。

四是评价方式趋向多元。主题教育课在探索实施中,对其实际效果设计了相应的现场评价表,其中不仅有对教师课堂行为的定量评价,而且还注重引导学生定量与定性相结合地对自己进行自评,以及相互开展他评。这种设计的价值意义,或许尚有待于今后进一步的实践检验,但仅就其重视评估指标的多元化、突出学生自我评价的教育作用而言,就值得关注与期待。

作为新开发的德育课程,期许本书能为班主任改进班会课提供参考,也期许班主任老师能据此在工作岗位上创设更多鲜活、生动的课例,以彰显体验式主题教育课的时代内涵。

卓月琴

2020年7月

目录

序　彰显主题教育课的活力和魅力 ············· 卓月琴　1

第一篇　理论篇

基于体验式学习：德育主题教育课 ················· 3
　一、问题提出 ································· 3
　二、概念解读 ································· 5
　三、理论依据和现实意义 ······················· 6
　四、体验式主题教育课的设计 ··················· 9
　五、成效与思考 ······························ 18
　六、主题教育课评价表 ························ 22

第二篇　实践篇

单元一　理想信念指导 ························ 27
　我们的未来不是梦 ···························· 28
　我的梦想　我做主 ···························· 36
　我和我追逐的梦 ······························ 43
　我们都是追梦人 ······························ 50
　梦想，从这里起航 ···························· 56

追梦,恰青春 ·· 63
　　学有所悟,责有所担 ······································ 70
　　维护公共秩序,防范安全隐患 ···························· 76
单元二　学业规划指导 ·· 83
　　高中了,你会做作业吗? ································· 84
　　如何有效管理自己的时间 ································ 90
　　我读书,我快乐,我智慧 ································· 96
　　宝剑锋从磨砺出,梅花香自苦寒来 ····················· 102
　　我有一把金钥匙——自主学习 ························· 109
　　自主学习　自信六月 ···································· 115
　　成功高三的几项准备 ···································· 122
　　长风破浪会有时　直挂云帆济沧海 ····················· 128
单元三　生活能力指导 ······································· 133
　　我们与手机 ··· 134
　　拒绝网络成瘾,健康文明上网 ·························· 142
　　"慧"交往　创和谐 ···································· 151
　　我们应该如何好好说话? ······························· 158
　　朋友,真诚的同路人 ···································· 164
　　体悟亲情,感恩父母 ···································· 169
单元四　心理健康指导 ······································· 175
　　四季有常,无须逾越 ···································· 176
　　花开的季节,请三思而后爱 ····························· 181
　　美丽青春,相由心生 ···································· 189
　　面对考试,学会积极地心理暗示 ························ 196
　　微笑面对高三 ··· 206
　　快乐?不快乐?——换个想法,快乐自然来 ············ 212
　　我的生命态度 ··· 218
单元五　职业探索指导 ······································· 225
　　规划人生,演绎精彩 ···································· 226

树立目标，跳一跳够得着 ·················· 233
点亮心中的明灯 ······················· 242
做最好的自己 ························ 251
做更优秀的自己 ······················· 261
成功，在于最后的坚持 ··················· 266
我的大学，我的梦 ····················· 276

第一篇

理 论 篇

基于体验式学习：德育主题教育课

一、问题提出

班主任在班级集体教育和个别教育的过程中，会经常遇到诸多的困惑、问题："如何转变学生的行为习惯？如何疏导学生的心理问题？怎样开展学生思想教育才有效？如何引导社会各种信息对学生的冲击？"等等。可见，在诸多的问题面前，单靠教师的耐心说服根本无济于事，甚至适得其反；适量的鼓励、表扬很多时候也并不见效；有时全凭微笑和眼神也不能产生奇迹。此时，作为教育工作者应积极思考：如何使教育不流于形式？怎样使教育内化为学生自身的内在需求和约束？怎样使学生面对纷繁的社会仍拥有正确的是非判断和行为选择能力？

苏霍姆林斯基说："道德，只有当它被学生自己去追求，获得亲身体验的时候，才能真正成为学生的精神财富。"的确，体验是最真实、最感性的一种内心感受。生活的体验、情感的体验，能内化学生的道德认识，激发学生的道德情感，培养学生的道德意志，引发学生的道德行为，使知、情、意、行在品德形成过程中成为和谐的整体，促进学生的全面发展。德育就是对学生进行思想、政治、道德和心理健康等方面的教育，并通过学生积极的认识、体验与践行，形成一定社会所需要的品德。在班主任实施德育的所有途径中，最有效的途径莫过于班会课。

长期以来，中小学班主任利用主题班会对学生进行德育取得了一定的效果，特别是在帮助学生掌握道德知识方面发挥了积极的作用。但以往的主题班会存在着明显的缺陷，即教育方式与学生道德学习方式还有不相吻合的方面。人类道德的学习可分为道德事实知识的学习、道德规范的学习和价值、信念的学习3种形式。在这3种道德学习形式中,第一种属于认知性学习,而后两种则基本上是情感体验性学习。认知性学习十分重要、不可或缺,但情感体验性学习同样不可或缺,甚至更为重要。其实,中小学班主任利用班会对学生进行道德教育,重点是进行道德规范的教育和价值、信念的教育,而以往同一主题班会缺乏的正是与学生后两种道德学习相匹配的"体验式学习"教育方式。

那么,要想主题班会课真正发挥其功效,必须赋予它新的魅力:要具备德育功能,善于激发学生内在热情;配以渊博的知识为载体;辅之丰富多彩、引人入胜的形式;内容不仅要具有教育意义,更重要的是要能够震撼心灵,切实走进学生的心灵世界。这样的班会活动,才能给人以鼓舞,给人以力量,给人以希望,给人以启迪。因此,为了凸显以体验为核心的知情意行整合的教育方式,我们重点研究改进以往主题班会,将"主题班会"改为"体验式学习"主题教育课,并逐步形成德育主题教育课的课型。

"体验式学习"主题教育课是班主任依据社会需要和本班学生实际的成长需要,遵循学生身心发展规律和思想品德形成规律,组织学生开展道德学习活动的一种课程形式。课堂上,学生是学习活动的主体,教师应尽可能地创设情境,引导学生在体验中获得感悟,提高认识,不断丰富或调整原有的认知结构,探求在具体情境下的最佳行为方式,并内化成良好的品质、高尚的道德情操和健康的人格。

学生品德形成和社会性发展是源于他们对生活的认识、体验和感悟,不是通过教师单纯的说教可以培养出来的。德育教育的意蕴就在于让学生主动参与、亲自体验、获得感悟,并在其过程中完成自我教育。因此,我们提出"体验式学习"主题教育课,是让学生在不断的体验中,引起心灵的震撼,思想的共鸣,在不断的熏陶感染中激发潜能和培养责任感,促进学生的身心健康发展,为学生形成正确的世界观、人生观和价值观,成为社会主义现代化国家的合格公民奠定基础。

综上所述,"体验式学习"主题教育课是学校加强学生思想道德建设、进一步推进素质教育的必然趋势。

二、概念解读

（一）什么是体验式学习？

1. 体验

从心理学角度讲,体验是"理智的直觉",是建立在个体"内部知觉"基础上的一种特殊活动,它总是与个体的自我意识紧紧相连的。因此,"体验"是指个体亲历某种情境或事件,在对情境或事件真切感受和深刻理解的基础上,获得认知、情感、意志、行为等多方面发展的活动。

2. 体验式学习

体验式学习是人的最基本的一种学习方式。一般是指个体在亲身经历过程中,通过反复观察、感受、实践、探究,对认知、情感、行为和认识的内省体察,心灵感悟,最终认识某些可以言说或者未必可以言说的事物,掌握知识与技能,发展能力,养成某些行为习惯,形成某些观念、情感、态度乃至心理品格的过程。

（二）什么是主题教育课？

1. 主题教育课

主题教育课是班主任通过"课"的形式,以学生为主体、以班主任为主导,围绕某一教育主题,以"情景展示（或模拟）、设疑提问、讨论与交流、问题解决、提炼、迁移训练"等教育组织策略,充分发挥班主任的组织、引导作用和学生的主体积极性,对学生进行情境化的思想道德认知教育,唤起学生相应的情感体验,促进其思想道德发展的班集体教育活动。

2. "体验式学习"主题教育课

"体验式学习"主题教育课就是把学习主题与学生的生活实际紧密结合起来,师生通过协作探讨的方式在情感交流、思维碰撞中进行体验、感悟,逐渐熏陶,促进学生思想品德成长的一种课堂教学模式。

它强调是以形成学生的道德自觉为教育目标,以活动为载体,以体验为学习方式,力求在师生互动的教学过程中,达到认知过程和情感体验过程的有机结合,激情与明理、导行的相互促进。让学生在体验学习中,领悟做人道理,选择行为方式,实现"自我教育"。

（三）主题教育课和传统主题班会的区别

主题班会是班主任围绕着特定的主题对学生进行思想和道德品质教育的一种重要形式,也是学生进行自我教育的有效途径。它是以学生为主导和主体,是学生喜欢和乐于接受的一种集体教育方式。主持者必须是学生。形式不限,方法多样,一般为节目表演形式。

从不同的角度看,主题教育课与主题班会两者间具体区别见下表。

主题教育课与主题班会间具体区别

课型比较角度	主题班会	主题教育课
教师角色	灌输者、操纵者、控制者	设计者、组织者、引导者
学生角色	接受者、表演者、被控者	参与者、体验者、发现者
教育出发点	社会期望及学生认知水平	学生生活经验及精神需求
教育方式	侧重于外在给予	侧重于内在生成
学习方式	侧重于认知学习	侧重于体验学习
课堂活动过程	预设方案的不变流程	预设方案与动态生成相统一的过程
受教育者心理活动特点	以听讲和记忆为主的认知活动	以体验为基础的知情意的综合活动
教育效果	获得情感熏陶,丰富学生的道德知识	获得道德体验与发展,提升学生的道德素质

三、理论依据和现实意义

（一）理论依据

1. 建构主义理论

建构主义理论认为,学习活动不是由教师向学生传递知识,而是学生根据外在信息,通过自己的背景知识建构自己知识的过程。学习并不简单是信息量的积累,它同时包含由于新旧经验的冲突而引发的观念转变和结构重组。由于每个学习者先前经验的独特性及学习情感的特殊性,所以每个学习者对事物意义的建构将是不同的。因此,要尊重个体的独特体验。

2. 体验德育论

从学习理论来看,20%的学习是从听而来的,50%是从眼见而来的,80%是从亲身参与而来的。学生听过的就忘了,看过的就记住了,亲身经历的才能真正把握并内化。道德教育的目的在于使学生形成并能在实践中不断改善自己的道德生活,形成一种良好的道德行为习惯。实施"体验式学习"主题教育课,就是坚持体验的观点,让学生在"体验式学习"活动中,获得知识体验的同时也得到情感上的愉悦体验,从而促进学生在知识、技能、情感、态度及价值观各方面的和谐发展。

3. 现代教学论

现代教学论认为,要明确倡导在教学活动中确认与重视学生的主体地位,教师的作用归根到底就是为了激发、引导和提高学生的主体性,激发学生内在学习欲望和要求,帮助学生实现视觉、听觉、触觉等多种器官协同参与教学过程。实施"体验式学习"主题教育课,就是要改变传统的以教师说教为主的单向教育模式,引导学生在自主、合作、探究的学习方式中,在亲自感知、操作和思考的过程中乐于学习、学会学习。

4. 生活德育论

生活是道德的沃土,道德源于生活,德育理论也是源于生活。生活德育论强调教育与生活的联接;强调教育活动既关心学生未来的生活,也要关心学生的现实生活;强调学生的主体地位;强调学生自我人格的完善;强调教、学、做三合一。实施"体验式学习"主题教育课,就是要紧密联系生活,从生活出发,以生活为中心,以挖掘生活中的教育素材为教材,使教育更贴近学生、贴近实际、贴近生活。

5. 杜威的"做中学"理论依据

杜威认为,"从做中学"也就是"从活动中学""从经验中学",它使得学校里知识的获得与生活过程中的活动联系了起来。实施"体验式学习"主题教育课,就是引导学生从那些真正有教育意义和有兴趣的活动中进行学习,促进学生健康成长。

(二)现实意义

"体验式学习"主题教育课的实践探索,是通过"体验学习"的方式,培养学生具备与一定道德规范相一致的道德情感、道德意志、道德行为及道德信念等,促进学生良好品质的内在发展。同时,"体验式学习"主题教育课的组织实施,是锤炼班主任教育基本功,提升班主任理论素养的重要途径。其现实意义主要体现于以下几个方面。

1. 强化主题教育课的育人功能

"体验式学习"主题教育课是在新形势下,是根据现代教育理念及学生道德学习特点,对传统主题班会加以改进的基础上提出的。对学生而言,它是一种由内而外的自我教育的内心情感体验,是学生自己教育自己的过程。对教师而言,则更多的是策划与指导。它能改变目前德育教育中存在的说教化、简单化、灌输化和成人化的倾向,能彻底改变"黑板上讲道德""书本上学道德"的传统教学模式,是与"做中学""做中悟"等思想品德教育、实践教育息息相通的,是实施素质教育的切入点,是加强学生思想教育的新模式。

2. 调动学生主动参与的积极性

"体验式学习"主题教育课强调的是以人为本、以学生个性发展为主的教学模式。在教育内容上,选择了一些贴近学生生活实际的、具体的、鲜活的事例,这些东西能激起学生学习的求知欲,充分调动了学生主动参与的积极性,使学生真正成为学习的主体。它改变了学生学习的状态,由被动地学习转向积极参与活动和主动探索学习,让学生在获得有趣的、丰富的、有深度的切身体验中,不断修正自己,完善自己,去构建社会与时代所希望他们拥有的爱国情怀、民族精神、集体意识,促进道德行为的成长。

3. 提升班主任的专业技能

主题教育课程不同于学科课程,其设计和教学过程既要体现课程的一般要求,又要体现德育的特殊要求;既要完成课程设计要求,又要结合学生思想实际;既要体现班主任的思想水平,又要体现班主任的专业水平。主题教育课的这些特殊要求,不仅对班主任专业技能的提升提出了新的挑战,也使很多班主任对究竟应如何策划与实施主题教育课深感困惑。本课题研究的意义就在于提高班主任对主题教育课的理解能力和把握能力,提高班主任对主题教育课程资源的开发能力,提高班主任对主题教育课的设计和组织能力,从而提高班主任实施主题教育课的专业技能。

4. 促进师生的共同成长

主题教育课应充分发挥学生为主体,以教师为主导作用。从理论上讲,作为教师,班主任比学生更能全面把握主题教育课的主题内涵、行为标志,体验主题的思想情感。但是,从实际情况来看,许多班主任在准备过程中就要花费一定的时间、精力、智力进行先行探索,而在主题教育课实施过程中,又从学生那里获得新的启示,因而有了新的认识和体验。同时,从学生角度来讲,通过与教师、与同龄人的交往,学生一方面将自己的思想情感、道德体验、学习和生活经验传递给他人,另一方面则接受他人的思想情感、道德体验、学习和生活经验,并通过主体的自我构建,使得自己的思想道德认知水平、道德体验、学习和生活经验更趋完善。因此,主题教育课就是班主任教师和学生共同探索、共同成长的过程。

四、体验式主题教育课的设计

(一)目标与内容

1. 高中阶段的教育目标

高中阶段的教育目标是培养学生的价值观及人格特质,建构自我同一性;建构自我学习意义,培养终身学习的态度;了解生涯发展相关知识,发展生涯的抉择能力,选择适合自己发展的方向和路径。

2. 主题教育课的主要内容

主题教育课的主要内容是以高中生生涯指导为主线,确立明确的目标和内容,从类型横向上分为理想信念指导、学业规划指导、生活能力指导、职业探索指导、心理健康指导五大块专题模块系列活动,围绕一个主题,设计、组织实施体验式主题教育课,激励学生潜能,使学生在体验式学习中得到思想的升华。具体内容见下表。

主题教育课的主要内容

主　　题	教　育　目　标
理想信念指导	理想是每个人所向往的远景目标,是人生命的精神支柱。它激励人们为事业、为未来努力奋斗。加强对学生进行理想信念教育,引导学生认识人生的目的、意义、态度,促进学生形成正确的人生观、世界观、价值观,培养学生社会责任心,树立远大理想,将个人理想与社会需求、国家发展相结合
学业规划指导	高中生对自己的3年学业进行规划,做出个人所应该和可能的最佳选择,从而找到自己通向成功和幸福的必由之路。加强学业规划指导,引导学生了解高中学业、大学专业及工作就业之间的关系,增强学习动机。指导学生对学业能力水平做出评估,合理分析自身特点,确立恰当的学习目标,制定相应、合理的学习计划,改善学习方法,提高学习效率与学习能力
生活能力指导	高中生生活能力就是要求学生提高作息效率、科学饮食、注意卫生、加强锻炼等,培养学生计划自己生活以及未来的能力。加强生活能力指导,指导学生学会生活、热爱生活,促进学生养成健康的生活习惯与兴趣爱好,形成生命意识和安全意识,掌握生活与生存技能
心理健康指导	心理健康是指能够充分发挥个人最大潜能,以及妥善处理和适应人与人之间、人与社会环境之间的相互关系。指导学生正确认识自己,欣赏并发展自己的兴趣、个性、能力、特长;教给学生保持积极心态的技巧,提高情绪控制和承受挫折能力;引导学生认识人生不同阶段所具有的不同角色,培养学生人际沟通能力,学会与人合作共事

续表

主　题	教　育　目　标
职业探索指导	对每一位高中生来说,高考毕业后的去向,无疑是其人生中的一次重大抉择。指导学生掌握大学专业、职业与就业等相关信息的搜集方法;鼓励学生利用社会资源,探索适合自身的职业方向;引导学生思考不同社会角色所承担的责任,认识到人生价值和意义;引导学生结合自身实际情况,尝试进行生涯规划

(二) 基本环节

在实施过程中,教师要努力做到:"主题教育内容与活动形式多样化相结合""坚持原则与灵活应对相结合"的原则,并且把主题教育活动全过程交给学生,使学生在活动过程中主动思考,求得发展。在教育活动中,自然渗透、潜移默化,不断完善学生独立人格,实现学生思想道德素质的提高和全面、和谐、自由的发展。我们在研究过程中,逐步梳理出实施主题教育课的 4 个基本环节。

1. 创设情境,激发体验

教学活动是在一定的教学情境中发生的。因此,教师要利用生活中真实的教学情境,使学生身临其境,产生共鸣,激发求知欲望、学习兴趣和学习热情。

首先,创设的学习情境应符合以下 4 个条件:① 联系学生实际经验;② 激发学生学习动机和兴趣;③ 具有体现教育主题的教育价值;④ 能够引发学生体验、思考和探究。

其次,教师应根据特定的主题内容和学生实际,恰当地运用多种形式和手段来创设情境。如通过多媒体选择切合主题内容的音像、图片、文字材料,让学生仿佛亲临现场,缩短距离感,激发了解事件原委的愿望及情感上的共鸣。也可通过"游戏""小品"等活动手段,让学生进入角色,换位体验。引导学生把主题教育内容中的知识点和脑海中已有的品德表象联系起来,产生与体验对象相一致的移情体验,并从中领悟和把握知识,感悟其中的道理,使"理"通过"情"进入学生的心灵。

2. 互动对话，诱导体验

虽然创设的是同一教育情境，但由于每个人的个性不同，感悟也不同，不同的感悟形成了丰富的教育资源。因此，课堂上，结合具体创设的情境，教师要从生活逻辑和问题逻辑出发，设计对学生情感体验具有导向性作用的问题，创设多样的互动"对话"平台，教师要为学生创设平等、和谐、宽松、愉快的氛围，要留有充足的时间让大家畅所欲言，不去过分追究谁对谁错，平等地交流各自的见解；要允许学生争辩，对疑难问题各抒己见，毫无保留地暴露自己的思维过程，大胆质疑，勇于求异。这样的一种对话过程中是这个人对当下的一种感悟，对以往生活经验的反思。

这一学习活动中，教师可以先分小组进行发言，然后再把发言转到全班中进行，引导学生将情感体验过程中内心积聚的矛盾冲突通过语言表达出来，使学生在充分的交流与互动中，从而分享多样化的观点和资源，产生思想碰撞，进行分析判断选择。

3. 价值澄清，升华体验

"体验式学习"主要是激活学生健康的情感，形成正确看问题的态度，为形成正确的人生观、价值观增加动力。在宽松自由的环境中，学生的价值取向会出现多样化的趋势，具有不可预测性和随机性，这就要求教师根据活动过程中生成的问题进行即时价值判断与引导。但万万不可简单地给学生贴"对"或"错"的标签，如果是通过设置情境或角色扮演引发讨论，教师可以用"如果是我……""因为我认为……"等句式表明自己的态度。此外，教师还可以通过质疑、设身处地、因果分析、价值辨析等方法，引导学生对问题进行深入全面思考，升华体验，将其价值取向转到社会提倡的价值取向上来，从而达到澄清观念，提高认识、改变行为、促进人格健康发展的目的。

在这个过程中，虽然教师可以引导学生对有关价值判断进行深层次的思考，但教师本身必须先具有一个"价值判断样本"，才能有效实行正确的价值观的引导和导向。

4. 行为反思,实践体验

通过以上的活动使学生在自身经验基础上形成新的认知,但这不是活动的结束,要将生成的认知转化为行动,内化成品质,还要将课内活动向课外延伸。为使教学真正实现"知、情、意、行"的统一,必须让学生再体验,让他们带着课堂上学到的理论知识回到实践中,去分析问题,解决问题。因此,学生获得积极的情感体验后,教师要及时向他们提供现实场景,进行针对性操练,让学生在现实生活和交往过程中自我检验、自我评价、自主发展,从而促进主体性发展。教师可以在课堂上创设合适的教育情境,引导学生将自己将体验到的情感、学习到知识点应用于情境,解决情境中存在的一些问题,达到在情境中学,在情境中提高能力的目的。

这一过程是指导学生将课上获得的认知转化为课外的行为实践以及在实践中不断地反馈和调整。教师还可根据教学的内容和实际需要,布置一定的家庭作业,让学生动手实践操作,如让他们进行社会调查,在调查中发现问题,解决问题,引导学生将课堂上获得的认知及掌握的技能、方法运用到日常学习和生活中。如果是培养学生良好道德行为习惯,还需要借助适当的行为训练和外部强化等措施。

(三)设计要素

有效设计主题教育课方案,是成功实施主题教育课的前提。设计一节有效的主题教育课应抓住以下要素。

1. 课的角度:从现实问题出发

教师要分析背景材料,把握问题关键及本质所在,进而提出设计理念和思路。关键是在于要弄清背景材料所蕴含的主题元素与问题要求。依据"两纲"内容以及班级的问题情况、抓住形势热点话题等为主要内容,根据"教育学""心理学"相关理论,遵循教育规律与学生身心发展规律,确定和提出一个鲜明、富有创意和体现一定教育理念的主题。主题要正确鲜明,切入口要小,能抓住一个点,力求达到以点带面的教育的目的。

2. 目标确立：从生命关怀着眼

教育目标对教育活动起着导向作用和聚焦作用，目标的制定要具体可行。目标的确立要紧扣相应年级的德育要求，从学生发展实际出发，结合时代发展特点，应该体现有认知目标、有情感目标、有行为目标3个层面，实现"知、情、意、行"的统一。

3. 内容选择：从学生困惑着手

教育素材的来源从性质上来说，都应是学生经历过的真实的生活。主要有两种来源：① 直接来源于课本或社会的典型事件；② 直接来源于学生生活中发生的事件。

（1）关注社会典型事件，以学生真实的生活经历为教育素材。比如，讲到学习方法和学习压力时，开展学生调查；讲到网络问题时，剖析社会上典型的事例；讲到交通安全时，开展因闯红灯引发的关于"遵守公共秩序"的讨论；题材都取自于社会，教育的内容回归了生活，要让生活成为学生最重要的老师。

（2）个性化特征突出，以解决班级中的实际问题为教育素材。问题就出自本班级的实际生活，并且是从班级的实际需要出发进行选材，突出选材的真实可感的特点，这些人物和事例便于学生进入角色，积极参与，平等地发表自己的见解。

（3）教师要善于加工教育素材。教育素材应当源于生活，但是源于生活的素材并不能直接成为现成的教材，需要按教育的要求进行加工。由于材料是学生生活中的真实事件，如果涉及个人，教师要结合学生的身心特点，妥善考虑介绍的方式。

4. 形式安排：从丰富新颖着力

主题教育课不仅要主题鲜明，而且要运用形式多样的教育手段，增强教育的针对性和实效性。要体现是师生、生生、所有参与者心灵互动的平台。活动形式的确定主要考虑3个方面：① 形式为内容服务，要体现教育性；② 符合学生年龄特征；③ 能够吸引学生注意力和调动其参与的积极性。

（1）主题教育课常用的形式之一是师生对话。班主任设计话题时要小一点,实一点,注意话题的递进性。比如"学会珍惜时间",班主任可设计"你能介绍名人珍惜时间的故事吗?""你思考过自己时间的安排是否合理吗?"

(2)主题教育课常用的形式之二是小组讨论。小组讨论的形式多样。可以是同桌,可以是四人小组。在四人小组讨论时要明确谁是小组长,要指导组长、指导同学紧扣话题进行讨论,注意讨论的实效。

(3)主题教育课常用的形式之三是情境思辨。班主任要巧设情境,用场景题、图片、录像等,引发学生思考、辨别,甚至辩论。

(4)在实施过程中,也可根据具体内容,选择形式有:游戏、情景短剧、观摩电视短片或者角色扮演、叙述一件事情、讲故事,等等。这些活动学生都喜闻乐见,他们是愿意接受的。也可以邀请其他教师或者他班的优秀学子、原来的得意门生,或社会成员(比如警察、医生等)来班级做客,一起畅谈某一话题,并且与学生互动。更多的技巧需要在一线的班主任自己去探索,自己去实践。

5. 结构优化:向后续教育拓展

(1)导入很重要。导入设计要给人新鲜感。活动开头的设计可以采用直接导入法、录像导入式、表演式、谜语游戏式等,无论是哪一种形式,开头都应该不要太生硬,要有新颖性,给人眼前一亮的感觉。

(2)结构完整,把握矛盾冲突的设计。从感知→感悟→行动,板块清晰,层层递进。设计有坡度、能提供多层次选择的问题是引发矛盾冲突的关键,问题数量要少而精,要有一定的思考价值,能引发争论。

(3)过程设计要有高潮呈现,注重集体互动,寓感悟于亲身体验之中。一般地说,主题教育很难触动学生,只有真正走入学生的心灵的教育才能起作用。因此,主题教育课可以根据主题和内容的需要,设计程序时要有一到两个活动的高潮,以激发学生的活动热情或深刻感悟,通过活动高潮产生最佳教育效果。

(4)教师要适时巧妙地点拨引导。教师要发挥主导作用,要注意控制掌握好活动的气氛,因势利导。要把任何一种教育情景转化为一种教育机会,这是教师教育智慧和艺术的体现,更是师生、生生心灵互动的结果。

(5)后续有拓展。任何一次的主题教育效果的发挥都不会仅限于课堂活动中,学生受到的影响可能会持续很长时间,甚至是一辈子。这就提醒教师要十分重视巩固教育效果这一环节。因此,主题教育课结尾要自然和具有教育延伸意义。活动的结尾可巧妙点题,给人以心领神会之感;或提出意想不到的问题,让人去沉思;或留有意境,耐人回味。也就是说,即便主题教育课结束了,但主题教育活动的意义依然在延伸。

6. 总结

总之,一节成功的主题教育课要体现以下5个点。

(1)主题寻找"准"一点。"准一点",即主题要根据学生年龄和心理特点来拟定。一个选择准确、有针对性的主题,会像号角一样,能激起学生的兴趣,振奋学生的情绪,达到预期的教育目的。

(2)题目要"小"一点。"小一点"指题目要小。当然题目并不是只抓琐碎而无典型意义的事情,而是要小中见大,以微见著。小一点可以避免空洞、笼统、泛化的弊病,有利于学生理解、接受和参与。

(3)内容要"近"一点。"近一点",是指主题内容要贴近学生生活、学习状况,富有针对性。就是说,除了要注意学生的年龄、生理、心理特点之外,特别要注意着眼于解决学生中的问题。

(4)构思要"巧"一点。"巧一点",是指活动的形式要新颖、多样、有创造性。新颖、巧妙的构思才能使活动焕发出新意,激发学生兴趣,尽可能把枯燥的说教变成学生的亲身体验。"巧一点",还包括必要时,主题教育课可采用现代电教手段,或把学生带到德育教育基地和请专家、家长参与活动等形式。

(5)参与者要"多"一点。"多"一点,是指参加主题教育课的教育者和受教育者要多一点。"多"一点,就是尽可能让所有学生在班级主题教育活动的组织、运作过程中都有责可负,有事可做,让每位学生都觉得本节课与自己有关,使主题教育课从设计到召开的整个过程成为学生自我教育的过程。

(四)基本原则

1. 个体性原则

体验学习有强烈的个人色彩,是个人化的经验。事实证明,只有促使学生获得了切身体验的东西,才能入脑入心,珍藏久远,有效促进体验者的生命成长。

2. 情趣性原则

课堂教学过程的设计应尽量新颖、生动,充满诱惑力并富有情趣性,能有效地激发学生积极投身到体验活动中,诱发和唤醒体验者的切身体验。

3. 多感官参与原则

教师要引导学生在学习活动中动眼、动脑、动手、动口,融多种感受于一体,集多种体验于一身。体验得越丰富,感悟得就会越深刻,越有可能产生创造新体验。

4. 互动性原则

在强调学生体验的同时也强调教师的体验。教师激发学生主动去认识事物,学生又在认识的过程中不断产生和提出新问题,教师在体验学生认识的基础上又创设情境,继续激发学生探索体验,这是一种相互作用的双边体验过程。教师和学生在教学中共同体验课程,共同获得发展。

5. 创造性原则

要十分关注学生创新意识、创新思维的培养。激发和保护学生的好奇心和自信心,让学生充分表达自己的想法,尊重学生的个别差异和兴趣,鼓励学生有深度体验的勇气。

6. 开放性原则

体验学习不是狭隘的自我封闭、自我孤立的活动,不应当局限于课堂上、限制于教师的指导与布置圈子内,而必须是开放的。要从课内延伸到课外,从校内延伸到校外。实践活动是体验学习深化、发展的载体,体验在实践中产生,也在实践中发展。

五、成效与思考

(一) 总结"体验式学习"主题教育课实施成效

班主任工作是极其重要的育人工作,而"体验式学习"主题教育课又是班主任的一项常规工作,是很能体现班主任专业化水准的一项基本功。通过课题研究,取得了初步的成效。

1. 形成了实施"体验式学习"主题教育课的基本模式

用"体验式学习"主题教育课取代主题班会,该课的理论构想经过实践检验及修正,已经形成了基本模式。其基本模式是:创设情境,激发体验—互动对话,诱导体验—价值澄清,升华体验—行为反思,实践体验。其中,以创设情境为载体,激发体验;以对话为手段,诱导体验;以价值引导为关键,升华体验;以导行为目的,促进人格健全发展。一节有效的"体验式学习"主题教育课离不开这4个最基本的环节,而且这4个环节的设计与组成,也要根据内容特点,通过创设一定的教学情境,让学生在相关情境中进行"体验·感悟"。该课的教育模式与学生道德学习方式基本吻合,通过活动体验统领学生知情意行的协调发展,在学生自我体验和领悟、自主判断和选择以及道德实践的过程中,教师给予恰当的引导,德育内容正是通过这一有效方式深深地根植于学生心灵之中。

"体验式学习"主题教育课体现现代教育理念,符合学生道德学习特点,具有可操作性,在体验学习中启发学生感悟,认知程度不断升华,进而内省为自身的素养,充分体现了针对性和实效性。它弥补了传统主题班会、思想品德课的不足,丰富了教师实施德育教育的内容,创新了教育活动的形式,使班级德育充分焕发了自身的魅力和影响力。

2. 班主任在实施过程中,提高了开展主题教育课的专项技能

(1) 推动班主任对主题教育进行实质性的研究。在主题教育课的组织实施过程中,班主任意识到要真正发挥班主任的主导作用,调

动学生的积极性,必须对主题教育课进行研究,如主题的基本含义,学生对主题的理解水平,思想上有什么疑惑,学生中间对主题的理解可能会有怎样的冲突等。在研究过程中,班主任的教育研究能力也在不知不觉中得到了提高。

(2)班主任的思想观念在悄悄发生变化。在教师观方面,许多班主任认识到:教师不是一个教书匠,教师是学生成长的引领者;是学生潜能的唤醒者;是学生的榜样、朋友;教师是集教育、教学、宣传、语言、表演等多功能为一体的艺术家,是教育艺术的探索者;教育内容的研究者;学生知识建构的促进者;主题教育的开发者。在学生观方面,班主任已经明确:学生是学习的主体,是有生命的教育对象,是教师的服务对象,是教师教学活动的合作者,是教育的接受者,是教师的挑战者。在教育质量观方面,确立了学生终身受益的观点。教育的质量主要体现在使学生学会做人、学会学习、学会创新、学会合作、学会健身、学会审美、学会关心、学会奉献等。

(3)锻炼和提升了班主任教育的基本功。班主任在实施主题教育课的过程中,提高了运用先进教育理念和班级管理理念判断、分析当前背景材料的能力;应用教育理念和富有创意地确立主题及构思整体方案的能力;根据学生年龄特点和品质形成规律,整合教育资源,有效组织主题教育课的能力;清晰、准确演绎主题教育课设计的基本技能。通过主题教育课的组织与实施的历练,进一步提升了班主任的教育素养。

3. 学生在"体验式学习"中,促进了良好道德品质的形成

经过三年来的研究与实践,"体验式学习"主题教育课对学生道德认识的丰富、道德情感的激发、德育行为的养成及全面能力的培养开辟了广阔的活动天地。主题教育课已成为我区班主任对学生进行道德教育和培养道德能力的行之有效的载体。每次的主题教育课,都能激起学生一次又一次的感情波澜,学生良好的思想品德和行为规范在这一次又一次的感情激发中逐步养成。其效果主要体现在如下。

(1) 激发了学生道德学习的兴趣。主题教育课给学生提供了发挥主观能动性的空间,学生全员参与、全身心参与到课堂上来,表现出极高的积极性,使课堂充满了生命的活力。我们曾在试点班级调查学生对主题教育课的态度,90%的学生对此类课感兴趣,认为比传统的灌输式、说教式的班会所起到的教育效果明显。

(2) 促进学生人格的健全发展。以往主题班会缺乏"活动体验"的教育方式,因而难以引发学生的情感和自身经验,其结果会有两种情况:一种情况是学生掌握了道德知识却没有相应的道德情感和道德行为;另外一种情况就是学生在感觉到有约束的环境下,"不得不这样做",在感觉到没有约束的情况下,就"自由自在",因此,这样的德育可能会培养出知行不能做到统一的"人格分裂"者。主题教育课强调以活动为载体,培养学生形成与一定道德规范相一致的道德情感、道德意志、道德行为及道德信念等,有利于学生形成健全的人格。

(3) 为学生积极地适应社会生活奠定基础。主题教育课创设的教育情境取材于社会生活及学生日常生活,学生在其情境中进行着道德判断和道德选择,积累着对生活的理解和反思,掌握了积极适应社会生活的技能,学会在不同的情境中如何去正确行动。

(二) 思考"体验式学习"主题教育课改进取向

由于传统教育观念的影响,班主任在实施主题教育课的过程中仍然存在一些问题,应该引起我们的共同关注与反思并加以改进。我们将之概括如下。

1. 主题把握不够准确

有的班主任在设计课时,确定的主题太大,太空泛,而一节课的时间容量又太小,结果只能泛泛而谈,浅尝辄止。同时,不能准确把握与主题相关的核心问题,对问题产生的原因判断不准。比如,根据学生有大量零花钱这一现象,如何引导学生正确面对?主题可以确立"生活富裕了,还需要节俭吗?"作为教育的核心内容,有的班主任对此确立的主题是"我的 money 我做主",主题显然已经有点偏了。

出现这一现象，至少与3点有关：① 没有认真解读主题，班主任对主题所表达的问题理解不到位；② 对问题的根源没有进行深入分析，对学生问题存在成因的分析把握不准；③ 没具备诊断学生问题的判断力。班主任的这种判断力一般建立在各种知识经验基础上，需要对人格心理、社会心理、社会伦理、社会现状以及教育经验的综合把握，这是一个班主任功力厚积薄发的所在。

2. 价值引导的方向模糊

主题教育课是对学生进行教育的途径，因此应该进行正确的引导，而这就需要班主任对相关问题首先有一个比较正确的认识，才可能把学生导向正确的方向。比如，有位班主任组织学生进行"中学生上网利与弊"的辩论会，双方选手们你一言我一语，旁征博引，个个争得口干舌燥、面红耳赤谁也不愿认输。而班主任最终却没有亮出自己观点，说服学生。对于学生厌食、偏食的问题，有的班主任所设计的主题是"节约光荣，浪费可耻"，其实这首先还不是浪费的问题，可以进行科学观念和科学知识的教育，不需要一下就提到道德的层面。因此，班主任在组织学生体验学习的过程中，要发挥主导作用，对学生进行正确的引导，完善学生认知结构。

3. 解决问题的策略缺乏系统观

主题教育课的目的就是针对学生现存的问题，培养学生良好的品德。学生存在的问题是多种原因导致的，所以，解决问题最需要的是科学分析，厘清问题的主要根源，而不是不问青红皂白地"头痛医头、脚痛医脚""胡子眉毛一把抓"。比如关于"学生自暴自弃、旷课、上网成瘾问题"，学生的这些行为问题其实是压力大、目标迷失、自信心丧失、情感缺失的结果，作为班主任应该从成因上抓住主要矛盾，这样的教育就容易取得成效，但如果只是让学生讨论这些行为对不对，其实就是没有抓住问题的主因，就不可能从根本上解决问题。因此，确立科学的系统观，要学会抓主要矛盾，厘清产生问题的内因和外因。学生问题的成因比较复杂，这需要班主任具有统揽全局，抓准问题关键的能力。

4. 设计缺乏教育策略和教育技巧

有的班主任在设计主题教育课时,所选用的形式都是多样化的变相概念灌输。班主任应该将系统观应用于主题教育课上,有恰当的教育策略和教育技巧。

(1) 内容应该以引起思考与共鸣为要点,而不是简单地告诉学生什么该做不该做。

(2) 设计上要注意运用道德、认知冲突来促进学生思考,让学生在两难中学会深入理解道德情境和社会要求。

(3) 目标宜小不宜大,不要期待一次课能够解决许多问题,集中一点使全班同学能够有深入认识和深刻触动为佳。目标小还有一个好处就是不容易在设计上走题。

5. 合作探究活动有形式无体验

小组合作学习探究问题就是一种很好的形式,但是在课堂上,有些教师片面追求课堂小组合作学习这一形式,但对小组合作学习的目的、时机、参与度及过程没有认真的设计和指导。这是为活动而活动的做法,导致学生在小组合作学习参与活动中流于形式,被动讨论,或者只是几个优秀学生的意见和想法,其他学生成了陪衬或听众。因此在小组合作参与活动讨论探讨问题中教师应做好设计和指导,让每一个学生都能参与其中,得到深刻体验。

总之,主题教育课是班级管理的主阵地,是学校德育教育的主渠道,我们最主要的不是争论什么主题观念,而是要把我们教育的主题观念细化到让学生可体验,能操作,会反思,有长进的实践层面上来。即把抽象空洞的道德教化变成与学生生活密切相关的实例,把德育的灌输变成"润物细无声"的感知、体验与启迪。学生缺少的不是理论和说教,而是真真切切的人生指导。德育工作无小事,但做好德育工作尤其应该学会从小事入手,以小见大。

六、主题教育课评价表

主题教育课班主任评价表如下。

主题教育课班主任评价表

姓 名		性别		学校		班级	
项 目	参 照 标 准					评分	合计
主题解读（10）	理解正确、切入恰当、生动具体、由浅入深、贴近学生						
教育目标设定(15)	符合学生认知发展的水平和班级的现状，目标具体，具有可接受性和可操作性(5)						
	对学生具有吸引力，具有激活情感的作用，引导学生进行想象和体验(5)						
	给出了正确的操作参照系（语言、身体姿态、态度、具体情景下的行为规范等)(5)						
主题教育实施(35)	观点陈述准确、科学(5)						
	结构安排合理，过渡自然、流畅(5)						
	形式多样（讲授、研讨、辨析），运用多种方法（视频、案例、媒体等)(10)						
	教师作用：讲导结合，教师主导作用充分发挥(7)						
	发挥学生在主题教育课中主体作用，充分关注和调动学生参与主题教育课（活动)(8)						
教育效果（30）	能从多种角度阐述"论点"（道理、哲理或原理），学生认知上有新的提高和收获(8)						
	学生积极参与整个主题教育课，有积极的情绪反应(12)						
	学生较好地把握本主题教育课中所给出的正确的行为操作参照系(10)						
特色加分（10）	在主题解读、主题教育课的实施有新意、有创新；教育效果显著						
总分(100)							
综合评定							

评定人签名＿＿＿＿＿＿

年 月 日

学生参与主题教育课评价表如下。

学生参与主题教育课评价表

姓 名		性别		学校		班级	
评价指标	参 照 标 准					自我评价	他人评价
活动参与程度(10)	热情高,能够积极主动参与						
主动探究意识(10)	能够运用已有的知识和技能,探究中有主动质疑意识和批判意识						
独立思考能力(10)	能进行分析、比较与对照,并能自评、自检,不断改善行为						
人际交往能力(10)	情绪稳定、豁达、开朗、自信,善于控制苦恼,能排解消极情绪,有乐观主义精神						
处理信息能力(10)	能根据任务需求,具备信息搜集和处理、分析和运用的能力						
创造能力(10)	具备求异性思维和发散性思维,个性发展显著,有创造能力						
语言表达能力(10)	普通话标准,声音洪亮,语言生动流畅,有感染力,表达能力强						
团结协作能力(10)	能够顾全大局,服从安排,不计个人得失,团结协作能力强						
成就感(10)	在活动体验中有强烈的情感体验,获得有解决新问题的成就感,增强了自信心						
特色(10)							
总分(100)							

自我感言:

年　月　日

第二篇

实 践 篇

单元一

理想信念指导

苏格拉底曾说:"世界上最快乐的事,莫过于为理想而奋斗。"因此,如果说社会是大海,人生是小舟,那么理想信念就是引航的灯塔和推进的风帆。理想是每个人所向往的远景目标,是人生命的精神支柱。它激励人们为事业、为未来努力奋斗。加强对学生进行理想信念教育,引导学生认识人生的目的、意义、态度,促进学生形成正确的人生观、世界观、价值观,培养学生社会责任心,树立远大理想,将个人理想与社会需求、国家发展相结合。

我们的未来不是梦

上海市朱家角中学　胡菁华

【背景分析】

学生进入高中后一方面对未来充满希望,一方面又普遍因缺乏理想而内驱力不足。相比预高年级学生,对未来多了些思考,行动也更成熟一些。但时常仍会因缺乏坚定的理想信念的支持,在遇到困难挫折容易退缩,也容易被外界诱惑,不能够持之以恒。因而我在高一上学期结合本班的实际,设计开展了此节主题教育课,引导学生知道自己的梦想是什么,如何才能让梦想成为现实,对于实现自己的梦想又需要哪些品质,需要哪些行动作为保障？希望通过这节课的学习和思考,能够给迷茫中的学生以指点迷津,让他们以乐观积极的心态为精彩人生而努力奋斗。

【教学目标】

1. 认知目标

由名人或身边榜样为梦想奋斗的故事,认识到梦想对于现实生活的重要意义。

2. 情感目标

认识到实现梦想的路途充满艰辛,需要脚踏实地、不懈努力,才能梦想成真。以此激发学生自己学习的动力和热情。

3. 行为目标

能明确自己的梦想是什么,并将梦想化为可行的阶段目标,对自我进行剖析并制订可行的实施计划,脚踏实地地学习,成为一个对社会有用的人。

【预设问题】

（1）人为什么要有梦想，是否一定是远大的崇高的梦想才算是梦想？

（2）你的梦想是什么？

（3）如何才能实现梦想？

【教学准备】

1. 学生准备

（1）每人收集偶像或身边榜样为梦想而奋斗的励志故事。

（2）完成《霍兰德职业兴趣量表》和《气质类型量表》，参考量表及自己的爱好和梦想，规划并设计人生第一张名片——15年后的自己。

（3）请一位同学准备关于"哈佛大学25年跟踪调查研究"的相关资料。

2. 教师准备

（1）搜集大量和梦想有关的资料，制作课件。

（2）准备40张30厘米长的纸条。

（3）准备若干卡纸片。

（4）收集学生制作的"人生名片"，并拍照记录。

（5）邀请优秀毕业生录制关于梦想的视频。

【教学过程】

一、导入

同学们，我们先来做一个游戏。

活动1："度量人生"，给每位学生发一张长纸条，依次标上"0、10、20、……80"9个刻度，根据老师的引导操作并思考。

这是一张长纸条，依次标上"0、10、20、……80"9个刻度。假设我们的生命线如同这长长的纸条，假设我们每个人都能活80岁，这张纸条上的0～80就代表你的人生全部长度。找到现在的年龄刻度，把走过的人生撕掉。通常人们在60岁退休,把60岁以后的人生撕掉,剩余的这段人生就是你今后学习和工作的主要光阴。人们常说三十而立,三十岁之前是一个人最朝气蓬勃、学习状态和工作状态最佳的时光,把30岁以后的人生撕掉。把你结束学业参加工作后的时光撕折起来,剩余的这段人生就是你今后的在校学习时光。再把你高中毕业后的学业时光折起来,看看剩下的高中学习时间还有多长?

同学们,可以发现,人生如同这一张纸条的长度一样是有限的,15~30岁这段人生最朝气蓬勃的黄金时期是何其短暂,相比之下,当下在校读书的时光更是弥足珍贵,我们该如何对待这短暂又宝贵的时光呢?

学生交流分享感悟:(略)

小结:人生如同这一张纸条的长度一样是有限的,15~30岁这段人生最朝气蓬勃的黄金时期是何其短暂,相比之下,当下在校读书的时光更是弥足珍贵,我们不能决定生命的长度,但可以拓展生命的宽度。生命的宽度就是我们的生涯,有着长度无可比拟的精彩。拓展生命的宽度,就是把成长当作自己的责任,让目标成为人生抉择的灯塔,让梦想成为未来发展的动力,为自己规划一个灿烂靓丽的人生。

二、梦想诠释篇:为什么要有梦想?

提问:什么是梦想?

梦想是人们在内心深处对成功的一种渴望,是动力的源泉,是人类对于美好事物的一种憧憬,有时梦想是不切实际,但毫无疑问,梦想是人类最天真、最无邪、最美丽、最可爱的愿望。古往今来有许多仁人志士为自己的梦想奋斗不息的故事,我们的身边也有许多为自己的梦想而奋斗的榜样,下面请同学们讲述自己的偶像或身边的榜样为梦想而奋斗的励志故事。

活动2:学生讲述偶像或身边同学的故事——榜样的力量

同学1:说唱人帕尔哈提的故事,"我不追求梦想,只要认真歌唱,梦想自己会找我"。

同学2：追梦少年魏晨的故事。

同学3：物理学家霍金，"我的手臂还能活动，我的大脑还能思维，我有终生追求的理想，有我爱和爱我的亲人和朋友，对了，我还有一颗感恩的心！"

同学4：张海迪，"每个人的生命都是一只小船，理想则是小船的风帆！"

小结：梦想是一定要有的，万一实现了呢。每个人都有梦想，它是实现人生的既定目标，是迈向成功的第一步。

然而，也有同学认为，在现实的生活中，许多人并没有崇高的梦想，也活得很好，也有属于自己的生活与工作。可见，有没有远大梦想对人生并没有多大的影响。对于这种说法，你又有何观点。人为什么要有梦想，是否一定是远大的崇高的梦想才算是梦想？请同学们展开讨论。

活动3：学生围绕"人为什么要有梦想？"问题进行小组讨论

小结：人一定要有梦想，有梦想才有内驱力，才能体现并实现自我价值，使短暂的生命活得更加精彩。梦想没有高低贵贱之分，鸿鹄的伟志固然让人心生敬畏，但燕雀为自己小小的梦想而努力奋斗的精神也是让人敬佩的，梦想只要适合自己，努力奋斗坚持到底，必然也会创造奇迹。

哈佛大学曾做过关于目标对人生影响的跟踪调查，用更为现实的数据和结果向我们展示了梦想对人生的影响。下面，请大家了解一下哈佛大学的调查研究情况。

活动4：介绍"哈佛大学25年跟踪调查研究"

哈佛大学曾经进行过一个非常著名的关于目标对人生影响的跟踪调查，该项调查的对象是一群智力、学历、环境等条件都差不多的年轻人，调查结果发现：27％的人，没有目标；60％的人，目标模糊；10％的人，有比较清晰的短期目标；3％的人，有十分清晰的长期目标。25年的跟踪调查发现，他们的生活状况十分有意思。

■ 3％——几乎不曾更改过自己的人生目标。25年后，他们几乎都成了社会各界顶尖成功人士,他们中不乏白手创业者、行业领袖、社会精英。
- 10%——大都生活在社会的中上层。其共同特点是那些短期目标不断地被达到,生活质量稳步上升。他们成为各行各业不可缺少的专业人士,如医生、律师、工程师、高级主管等。
- 60%——几乎都生活在社会的中下层。他们能安稳地生活与工作,但都没有什么特别的成绩。
- 27%——几乎都生活在社会的最底层,生活都过得很不如意,常常失业,靠社会救济,常常在抱怨他人,抱怨社会。

小结:成功在一开始仅仅是一个选择。你选择什么样的目标,就会有什么样的生活态度,就会有什么样的成就,就会有什么样的人生。同学们的梦想是什么,又该如何将长远的梦想化为切实可行的目标呢?

班级的问卷调查显示,班里有30%左右的同学有了自己的人生目标,70%左右的同学虽然想要好好努力,却还未定下自己的终极目标。那么,同学们的梦想是什么,如何确定自己的梦想?

三、梦想探索篇:我的梦想是什么?

上一节课,我带着同学们分析了个人的性格特征,并完成了《霍兰德职业兴趣量表》和《气质类型量表》,布置了作业:参考量表及自己的爱好和梦想,规划并设计人生第一张名片——15年后的自己。时空穿越,假设现在是2029年,2017届14班15年后的同学聚会,请大家拿出设计好的15年后的名片,向同组的小伙伴隆重地介绍一下15年后的自己。

活动5:畅想未来,展示梦想——15年后同学聚会,展示人生第一张名片

小结:看到同学们今天自信满满的样子,在各自梦想的岗位上努力奋斗着的样子,老师感到欣喜与振奋。15年前我们在卡片上郑重地写下了自己的梦想,有梦想很重要,但如何实现梦想同样重要。

怎样做才能不让15年前的梦想沦落为空想？以后15年里，我们该为梦想做些什么？将你的梦想变成切实的可完成的目标，完成梦想时间轴。

活动6：目标可以这样找——完成梦想时间轴

15年后你希望自己成为	
如果你期望成为这样的人，从现在算起——	
第10年的你需要	
第8年的你（工作/深造）需要	
第7年的你（大四）需要	
第4年的你（大一）需要	
第3年的你（高三）需要	
第2年的你（高二）需要	
现在的你（高一）需要	

小结：将15年后的梦想一步一步具体化，寻找每个阶段的实现目标，我们便不会再迷茫不知方向。

四、梦想追逐篇：如何实现梦想？

有了梦想和具体的阶段目标，又该如何行动实现这些目标。同学们，有多少计划因懒惰而付诸东流，有多少人因懒惰而一事无成。实现我们的梦想最大的拦路虎就是懒惰了。想一想，我们身边还有哪些因素阻碍我们实现梦想，又有哪些行动和品质有助于我们实现梦想呢？

活动7：同学们结合自身的实际情况，围绕"哪些因素阻碍我们梦想实现，又有哪些方法和品质帮助我们克服困难实现梦想"进行小组讨论，在卡片纸上写下关键词，并贴在黑板上

对此，我们特别邀请了2014年从朱家角中学新疆部内高班考入浙江大学的张思良同学,与同学们交流高中奋斗史,分享他的一些经验和心得。

活动8：观看学长的视频,交流高中奋斗史,鼓励学生上进

五、总结

让梦想成为现实,需要将远大的志向化为一个个切实可行的小目标,才能逐步踏上成功的阶梯;让梦想成为现实,需要对自己有合理的认识、对实际情况有理智的分析、有解决问题的方法和行动;让梦想成为现实,需要一个积极向上的心态和持之以恒永不放弃的信念。(清晰的)目标＋(有计划的)行动＋(积极的)心态＝成功。成功的花朵,有赖于辛勤的汗水去浇灌;理想的果实,要靠知识的土壤去培育。梦想成就未来,坚定信念,我们的未来绝不是梦。让我们在《我的未来不是梦》的歌声中,结束今天的课。

【教学反思】

纸条度量人生体会美好的青春时光如此短暂,很好地激发了学生内心想要规划生涯把握生命的需要。梦想诠释篇,由同学们讲述让自己感动的名人为梦想奋斗的故事,更能激发他们内心的共鸣,但这个环节相对较为常规,显得效果平实;小组讨论"人为什么要有梦想",引导学生通过思辨探索和认识梦想对人生的意义;由学习委员带来的哈佛大学25年调查研究报告,则从客观的角度让同学们认识到梦想对于人生的重要性。梦想探索篇,前一节课给同学们上了一节"个人气质分析"的班会课,引导学生了解自己的个性气质,并完成《霍兰德职业兴趣量表》和《气质类型量表》,布置作业:参考量表及自己的爱好和梦想,规划并设计人生第一张名片——15年后的自己,此次班会通过模拟15年后同学聚会,同学们表现踊跃,氛围很热烈,通过虚拟场景体会,既展示了同学们五彩斑斓的梦想,也让同学们体验梦想实现的成功感,从中获得自信与动力。在与同学们的访谈中,了解到同学们常会觉得的梦想太遥远,对现实没有实际指导意义,于是设计梦想时间轴,由15年后的梦想一步一步逆推到今天,寻找每个阶段的目标,由于班会时间的仓促,内容写的不够详细,但这种方式适合拓展于短期目标的寻找和设定,花时间好好做,应该会有好的收获。梦想追逐篇,设计了寻找困难和解决方法的环节,但由于时间的关系,不能过多开展,但来自学长的视频则为同学们提出了很好的建议,同学们受益匪浅,课后许多同学主动要求将学长的视频回放。最后的合唱,青春而朝气的歌声为此次主题教育课画上圆满的句号,正如歌声所唱,我们的未来不是梦。

我的梦想　我做主

上海市朱家角中学　张　毅

【背景分析】

《中小学德育工作指南》中指出,要加强对学生进行理想信念教育。理想信念教育是中学生德育教育的一个重要手段,是学生思想道德建设的灵魂。以理想信念教育为核心,加强对中学生进行中国梦教育,以增强当代中学生的责任感、使命感和奋斗精神具有非常重要的现实意义。

刚刚步入高一的学生正处在人生的转折期,如何帮助他们树立梦想,明确人生目标,实现其人生价值,是班主任的当务之急。对于高一学生来说,多数学生非常渴望能够得到进一步的提高和发展,但是由于初中与高中学习环境的不同、人际交往的不同,学习要求的不同,让一部分学生无从适手,对自己前途感到很茫然。为此,我设计了本节主题教育课,目的是让学生认识到梦想对人生的意义,激发学生们确立自己的梦想,使学生成为有梦想,有追求的青年学子,让他们扬起梦想的风帆,顺利到达成功的彼岸。

【教学目标】

1. 认知目标

认识到梦想对于自己人生的重要性。

2. 情感目标

通过情景剧、辩论赛等活动,使学生感悟到梦想比现实更重要。实现梦想的路途充满艰辛,需要脚踏实地,不懈努力地学习,才能去实现心中美好的梦想,使美梦成真。

3. 行为目标

通过一些名人、前辈的事例树立榜样,引导学生掌握实现梦想的策略,并从当下开始,规划自己,并能为自己的梦想而努力奋斗,从而形成积极向上的人生观。

【教学准备】

1. 学生准备
(1) 出关于梦想的黑板报。
(2) 学生收集关于梦想的故事、歌曲。
(3) 学生收集材料,为微辩论做准备。
2. 教师准备
(1) 组织学生写下自己的梦想。
(2) 用镜头捕捉学生生活中的点点滴滴,制作成开场生活剪影。课件准备。

【教学过程】

一、畅谈梦想

开场:播放高一生活剪影,背景音乐《If I Could Fly》。

提问:同学们,你小时候的梦想是什么?

学生:(略)

小结:小时候,我们可以大胆地去设想,自己将来想要成为怎样的人,做成怎样的事,见怎样的风景。想要当宇航员、科学家、画家,到那时,去太空旅行、去周游世界、去攀登珠峰,在我们眼里,梦想虽然遥不可及,但也并非绝无可能。

提问:现在进入高中了,你的梦想是什么?有没有变过?

学生:(略)

小结:或许,随着我们年龄的增长,我们的想法不同了,或许有的人越来越不敢梦,越来越不敢想,也越来越不敢去追随它。

提问:什么是梦想?

学生：（略）

小结：那是人的奋斗目标。可以引用一句俗话"只有想不到，没有做不到"。加点时下流行的广告语有时效果会更好，比如有梦想，"一切皆有可能"。今天，我们一起来探讨"我的梦想"这个话题。

二、质疑梦想

1. 情景剧：一次男生寝室的卧谈会

小结：通过刚才寝室里的交谈，同学们对于梦想已经有了不同的看法。反映出不同人对梦想的态度，有人对梦想充满了期待，有人对梦想不屑一顾。我们不禁发问，人生是否需要梦想？

2. 微辩论：梦想比现实更重更要/现实比梦想更重要

正方观点：梦想比现实更重更要

反方观点：现实比梦想更重要

在唇枪舌剑中，正反两方积极辩论，纷纷摆出自己的观点。

正方：梦想是一种信仰，一种奋斗目标。其实不乏这种案例，很多成功人士都因为梦想而走向成功，比如马云，因为梦想，成就了阿里巴巴；比尔·盖茨，哈佛没毕业就自己创办公司，为了梦想，成就了微软……每个成功人士基本上都是前期条件很差，不足以成事，却怀揣梦想，最终成功的。

反方：我方坚持的观点是"放弃梦想，面对现实"。大家应该知道"梦"是什么吧？没错，梦就是在睡眠时产生的一种影像、声音、思考或感觉。那么，既然梦是在睡眠时期发生的，自然是不能实现的；既然不能实现，又何必沉迷于其中呢？大家都有过做梦的经历吧？你有没有在做过一次明星梦后，就努力想要去做一个明星，成为梦中的明星？我想应该没有。梦想是在梦中的理想，梦是不能实现的，所以，梦想也不能实现；想要实现梦想，靠的是什么？是坚持和信念！而能坚持的又有几个？所以，靠梦想的信念实现梦想的机会少之甚少！既然梦想不能实现，为什么还要沉迷于其中呢？所以，请你"放弃梦想，面对现实"！

小结：许多人总认为，梦想和现实，是有冲突，有矛盾，甚至无法平衡的。其实，不是现实支撑了你的梦想，而是你的梦想支撑了现实。因为有梦，即便无法实现，你的生活也会为此，而变得与众不同。因为有梦，即便最后失败，你的人生也终将熠熠生辉，光芒万丈。因为有梦，人才更像人，才不虚此行，才不负此生。我们之所以如此需要梦想，是因为它赋予我们人生的价值，它让我们找到奋斗的意义，它让我们心甘情愿，为值得的人和事，去付出全部的努力和爱。

三、如何实现梦想

人生好比爬八十层高的楼梯，下面，我们来听听《两兄弟爬楼梯的故事》。

1. 图片展示故事情节

故事大纲：有两兄弟，他们一起住在一幢公寓楼里。一天，他们一起去郊外爬山。傍晚时分，他们爬山回来，回到公寓楼的时候，发现一件事：大厦停电了！这真是一件令人沮丧的事情。因为很不巧，这两兄弟是住在大厦的顶楼。那么，顶楼是几楼呢？那就更加不巧了，顶楼是八十楼。很恐怖吧。虽然两兄弟都背着大大的登山包，但看来，也是别无选择，于是，哥哥对弟弟说："我们爬楼梯上去吧。"于是，他们就背着一大包行李开始往上爬。

到了二十楼的时候，他们觉得累了。于是弟弟提议说："哥哥，行李太重了，不如这样吧，我们把它放在二十楼，我们先上去，等大厦恢复电力，我们再坐电梯下来拿吧。"哥哥一听，觉得这主意不错："好啊。弟弟，你真聪明呀。"于是，他们就把行李放在二十楼，继续往上爬。卸下了沉重了包袱之后，两个人觉得轻松多了。他们一路有说有笑地往上爬。

但好景不长，到了四十楼，两人又觉得累了。想到只爬了一半，往上一看，竟然还有四十楼要爬。两人就开始互相埋怨，指责对方不注意停电公告，才会落到如此下场。他们边吵边爬，就这样一路爬到了六十楼。

到了六十楼,两人筋疲力尽,累得连吵架的力气也没有了。哥哥对弟弟说:"算了,只剩下最后二十楼,我们就不要再吵了。"于是,他们一路无言,安静地继续往上爬。

终于,八十楼到了。到了家门口,哥哥长吁一口气,摆了一个很酷的姿势:"弟弟,拿钥匙来!"弟弟说:"有没有搞错?钥匙不是在你那里吗???"

好,大家猜猜发生了什么事? 正确,钥匙还留在二十楼的登山包里!

提问:同学们,听了这个故事,你得到什么启发?

小结:人生往往在自己最有时间与精力时,不愿承担梦想带来的束缚,甚至弃之于不顾。到了迟暮之年,却又悔于当初对梦想的轻易放弃。所以人生有梦想固然重要,但如何去实现梦想,更加重要。

2. 学姐分享自己的经验

内容介绍:我从小立志成为一名教师,无奈高考失利,未能成功如愿考取师范类大学。但我在大学时期并未放弃梦想,坚持做义务家教。在这个过程中,也渐渐发现自身的一些不足,不适合做一名教师。于是我重新审视了自己梦想,并做出了及时的调整。如今成为一名司法部门的警察,对社会上的违法犯罪人员进行思想教育,从另一个角度实现了自身最初的梦想。因此,同学们应该根据实际情况适当调整,最终实现自己的梦想。

小结:通往梦想的路上没有直达电梯,我们只能一步步在实践中发现自身的不足,然后及时调整,并最终抵达梦想的彼岸。

3. 讲述山田本一的故事

故事大纲:山田本一成功之谜——分解目标

1984年,在东京国际马拉松邀请赛中,爆出一个大冷门,一位名不见经传的日本选手山田本一出人意料地夺得了世界冠军。许多记者蜂拥而至,他们围着山田本一问得最多的是,他凭什么可以脱颖而出,一举夺冠。山田本一淡淡一笑,说了这么一句话:"凭智慧战胜对手。"

当时,许多人都不明白这句话的道理,甚至还有人认为,这位矮个子是在故弄玄虚。因为大家都知道,马拉松比赛是体力和耐力的较量,速度与爆发力都还在其次,说以智慧取胜确实有点牵强。

1986年,意大利国际马拉松邀请赛在米兰举行,山田本一代表日本参赛,又一次获得了世界冠军。当记者再次采访他时,他仍然还是那句老话:"凭智慧战胜对手。"

十年后,这个谜底终于被解开了,山田本一在他的自传中这样写道:"每次比赛之前,我都先乘车把比赛线路仔细看一遍,并把沿途醒目的标志画下来,比如第一个标志是银行,第二个标志是一个大树,第三个标志是一座红房子——这样一直画到赛程的终点。比赛开始后,我就以百米冲刺的速度奋力向第一个目标冲去,到达第一个目标后,我同样的速度冲向第二个目标——40多千米的路程就被我分解成这么几个小目标轻松地跑完了。起初,我并不懂这样的道理,我把目标定在终点线的那面旗帜上,结果跑到十几千米时就疲惫不堪了。我被前面那遥远的路程吓倒了。"

提问:这个故事又给我们带来什么启发呢?

小结:梦想的实现,是将一个大目标化为一个个小目标,分步实现,这真是一个充满智慧的方法。

四、立足当下,做好规划

其实在我看来,人无论在何时何地、何种阶段、何种年龄,都需要梦想,就跟人需要呼吸、吃饭、睡觉一样,它必不可少,非常重要。

进行人生规划,对我们实现梦想是多么的重要,下面让我们花点时间,对我们未来的十年人生进行规划。

活动:学生进行生涯规划并介绍。

规划未来十年的人生

十年后你期望自己成为_____

如果你期望自己成为这样的人,从现在算起——

第八年你_____

第六年你_____
第四年你_____
第二年你_____
第一年你_____
现在的你_____确立梦想,进行规划_____

当年怀揣着不同梦想的那群少年,十年后再度聚首,他们是否实现了当初的梦想呢?

五、总结

同学们,一个人一定要清楚自己要什么,并且遵从内心的渴望。梦想就像一个航标,它总会提醒我们,如何去修正方向,调整状态,重新振作,才能离它更近一点,再近一点。也许梦想的最大意义,并不在于,你最终是否去实现了它,而是它赐予你信心,带给你希望,给予你力量,在这个过程中,你就已经历练、打磨,沉淀出了更好的你自己。愿同学们都能够实现你们心中的理想。

我和我追逐的梦

上海市朱家角中学　陆文文

【背景分析】

2017年国家教育部发布的文件《中小学德育工作指南》明确了学校德育工作的指导思想、具体原则、学段目标和实施途径等方面内容。其中,理想信念教育是中小学德育的"五项主要内容"之一。

内地新疆班高中班特指选拔新疆的优秀初中毕业生,在中、东部发达地区的学校就读高中,利用发达地区经济、教育优势提高边疆各民族学生受教育质量的办学模式。预高班是指学校设立的,为了让新疆地区学生顺利升入高一打好文化基础的班级,学制为一年。预高学生面对刚刚开始的高中生活,感到新奇,同时也会有困惑和迷茫。对于青少年来说,有了梦想就有了奋斗的目标和方向。人生之旅由选定方向、树立梦想开始。为此,我设计了《我和我追逐的梦》这节班会课,引导学生积极适应高中生活,摆正心态,树立梦想,给高中生活一个良好的开端。

【教学目标】

1. 认知目标

通过比较高中生活和初中生活的不同,引导学生认识自己的不足,明确高中生活该如何开始。引导学生确立高中的奋斗目标,认识到自觉、自主、自理、自强、自立的重要性。

2. 情感目标

绘制新疆地图,播放朱家角中学宣传片,激发学生内心的归属感,认识到梦想的重要性,培养积极进取的人生观。

3. 行为目标

引导学生明确想让高中生活有一个良好的开端必须从当下做起,树立梦想,规划追梦蓝图,并一步步去完成。

【教学准备】

(1) 搜集有关明确目标的名人论述和典型事例。
(2) 搜集学生开学以来的学校和班级活动图片资料。
(3) 汇总问卷调查数据并分析。
(4) 制作课件。

【教学过程】

一、美丽校园,我的家

活动1:绘制新疆维吾尔自治区地图,用红色五角星标注好学生所在地州。课上引导学生找一找自己家乡在地图上的位置

提问:同学们,说说你的名字和民族,在地图上找得到你的家所在地州么?

生1:我叫苏阳,维吾尔族,我的家在伊犁。

生2:我叫戴欣格,汉族,我的家在昌吉州。

生3:我叫阿尔娜,哈萨克族,我的家在阿勒泰。

生4:我叫李星月,土家族,我的家在巴州。

生5:我叫古丽夏提,是班级里唯一一个柯尔克孜族,我的家在克州。

生6:我叫彭旭,汉族,我的家在石河子,是班级里唯一一个来自石河子的同学。

……

活动2:组织学生一起观看朱家角中学宣传片

宣传片背景歌曲歌词如下:我的梦想,闪耀着彩色的光。张开翅膀,飞到想去的地方。我的梦想,伴随笑容而坚强。大声的歌唱,飘过辽阔的海洋。这世界充满了想象,乘着音符一起飞翔。经过所有快乐悲伤,谢谢你陪在我身旁。快乐是我的能量,点亮自己的光芒。想唱就唱,唱得响亮,不怕风雨的阻挡。快乐是我的能量,点亮自己的光芒。每一个期待的目光,都在见证我成长。唱得响亮。

小结:同学们,你们来自新疆的不同地州,是当地最优秀的学生。你们怀揣梦想,离开家乡,坐了三天三夜的火车,跋涉万里,踏入上海这个繁华大都市,来到了风光秀丽的江南水乡朱家角,开启追梦之旅。这里有美丽的校园,可敬的师长,友好的伙伴。我们是相亲相爱的一家人。这里就是你们的家。

设计说明及反思:绘制新疆地图,让同学们指认自己所在家乡在地图上的所在地州;播放朱家角中学宣传片,让同学们在歌声中欣赏校园的美丽。这样的设计目的有两点:① 让来自新疆的孩子们有强烈的归属感,真正感受到家的温馨;② 激发出同学们心中的梦想,正是因为心中有梦想,他们才会不远万里来到上海求学。

我们班共有39个学生。我在做课件的时候,用红色五角星标注出这些学生家乡的所在地州。当他们看到新疆地图的时候是很激动的,踊跃举手想要在地图上找出家乡所在地州的位置。当他们看朱中的宣传片的时候是很感动的,求学追梦的情绪被激发了出来。

二、全新要求,我知晓

活动3:追梦之路,从不平坦

追梦路上,总有险阻。来到朱家角中学不到两个月的我们当务之急是要适应高中生活。接下来,同桌讨论、交流:高中生活和初中生活有什么不同?请结合具体实例说一说。

生1:初中时,起床是由生活老师叫起的,现在要自己起床,高中比初中更自由。

生2:初中的时候,我的成绩排名靠前,但是现在我在班级是落后了,我要更加努力。

生3:初中读得是内初班,有机会回家。高中在上海,一年才回去一次。我要克服想家的情绪。

生4：初中校内活动较少，高中有很多活动，可以学到更多。

生5：初中英语、化学教得慢，高中背的单词和学的知识都更多，我要合理安排时间。

小结：通过比较，我们明白了高中生活给我们提出了全新的要求。我们要追逐自己的梦想，就要积极适应这些要求：课程变多，要求我们合理自主学习；活动变丰富，要求我们锻炼能力；寝室卫生自己做，要求我们生活自理；克服想家情绪，要求我们独立自强……

提问：面对全新的高中生活，我们该怎么做呢？

请《论语》拓展课学生读"君子食无求饱，居无求安，敏于事而慎于言，就有道正焉，可谓好学也已"一句的感想。如下：在我们求学成长的路上，会遇到种种困难与挫折，面对挫折不同的态度会有不同的结果。即使有挫折，即使难过，即使多次失败，也不要轻易放弃。生命，应该对困难说不在乎。作为高中生，也许我们真的有太多的烦恼，沉重的负担压得我们无法喘息，而我们却不愿意掩面抽泣，为何不去挑战，让青春在挥汗的战斗中变得有声有色。没有人逼你离开家去一个陌生的地方，也没有人逼你每天背单词背到头痛。因为我们有自己的梦想，我们想要了解更大的世界。我的梦在哪里，我就漂在哪里！

设计说明及反思：组织学生讨论、交流高中生活和初中生活的不同。这样做，一方面想要让学生明确新学校的新要求；另一方面引导学生明确要追逐自己的梦想必须先适应这些新的要求。

我汇总了试教班级学生对这次讨论的发言，对正式课堂上本班级学生的回答进行了这样的预设：高中和初中生活大不同，主要体现在学习和生活两个方面。学习上考试的科目变多，教学进度变快，教学难度变大，校园活动变丰富；生活上需要面对新学校、新老师、新同学和全寄宿生活。没想到正式上课的本班级学生比较了高中生活和初中生活的不同之后，没有表现出困惑和迷茫。他们已经用一种积极乐观的心态去面对全新要求，在回答的时候甚至开始总结适应新环境的经验：要合理安排时间、学会调节自己的情绪、掌握学习方法……我及时调整了课堂的节奏,点出学生已经在积极适应高中生活了,这背后的情感支撑就是你们心中有追逐的梦想。对此,我深深感受到一堂课的生成是不能预设的。即便试教过,真正上课时候的师生互动所凝结成的场景也不会和试教时一致的。所以,每一堂课都要充分关注学生的表现,激情碰撞,以期达到教学效果。

三、树立梦想,我追逐

活动 4:有人说梦想很丰满,现实很骨感。我想说梦想想要转化为现实,首先要明确奋斗目标

展示:哈佛大学调查报告"成功与目标"。

得出结论:目标对人生有巨大的导向性作用。成功在一开始仅仅是一个选择。你选择什么样的目标,就会有什么样的成就,就会有什么样的人生。什么是成功?成功就是达到既定的有意义的目标。

提问:同学们的梦想是什么?

关于梦想的名言警句:

一个人如果明确目标,并且矢志不渝地追求,就会创造一个完全不同的人生。——拿破仑

在一个崇高的目标支持下,不停地工作,即使慢,也一定会获得成功。——爱因斯坦

组织同学们小组讨论、交流:按照表格设计"我的追梦蓝图",范例如下。

我的追梦蓝图(范例)

内容	目标	措施
理想信念	10年后,在一家世界五百强公司工作;25年后,成为一名顶尖的企业家	考入理想的大学;提高英语水平;学会把握机会;提高综合能力;学会和各种人打交道……
学业规划	考入厦门大学经济系	课堂认真听讲、记笔记;按时完成作业;制定复习计划;不懂就要问……

续 表

内 容	目 标	措 施
生活能力	自理内务,培养兴趣爱好如烹饪、跳舞等	合理安排时间;养成今日事今日毕的习惯;提高独立生活能力……
心理健康	淡然面对挫折,乐观面对生活	看励志书籍;遇事冷静对待;自我调节情绪;退一步,海阔天空……
职业探索	白领、会计师	先搜集资料,确定自己是否符合这个工作的要求,如果不合适,再重新规划;如果合适,就为之努力,弥补自己的不足之处,坚定地走下去……

小结：每个人的生命都是一只小船,梦想是小船的风帆。预高的每一位同学,为了梦想从新疆来到了上海,为了梦想努力适应新环境。梦如果不去行动,永远是梦。想要把梦变成现实,就要从现在开始明确奋斗目标,执行你的追梦蓝图,一步一个脚印走出属于你的道路。我和我追逐的梦,在人生的大海上扬帆起航。

设计说明及反思：新疆班预高的学生为了追梦来到上海朱家角中学求学,他们每个人都是独立的个体,每个人的梦想都独一无二。在这堂课上,同学们分享了自己的梦想。并且,为了实现梦想,在老师的指导下填写了一份追梦蓝图。这份追梦蓝图,让预高的学生在高中生活伊始,确立了自己的奋斗目标,对未来的生活有了宏观把握。一方面,激发同学们努力去把梦想转化为现实,另一方面给同学们规划了将梦想转化为现实的途径。

由于大部分同学们的奋斗目标并不足够清晰,对未来的展望也欠缺高屋建瓴的视角,所以在填写这份追梦蓝图过程中遇到不少困难。为了降低课堂难度,我让同学们在填写之前先进行小组讨论;在填写之后,对完成度较低的同学进行个别点拨。

四、总结

经过这节课,我相信每个同学都觉得自己的梦想比之前变得清晰了。同学们尽管才来到上海短短两个月,但是一张新疆的地图,一部朱家角中学的宣传片,一张张班级集体活动的照片,一场关于高中生活和初中生活不同的讨论,让这些预高的孩子们有了家一般的归属感,让他们燃起追梦的激情。还有这一份追梦蓝图,同学们填写了它之后,就要把它转化为现实中的具体行动,守住梦想,继续追梦的步伐。

我们都是追梦人

上海市朱家角中学　柳红娟

【背景分析】

习近平总书记在纪念五四运动100周年大会上,深情寄语新时代中国青年:新时代中国青年要担当实现中华民族伟大复兴中国梦的时代职责,要树立远大理想,有了理想,奋斗才有目标,人生才有航向,青春才有持久向上的力量。青年的理想信念关乎国家未来,青年兴则国家兴,青年强则国家强,青年有正确的人生观价值观、坚定信念,并为之砥砺奋斗,一个国家、一个民族才能有无坚不摧的前进动力。

我校多年来一直坚持系列主题教育:高一理想信念教育,高二感恩教育,高三生涯规划教育。2019届高一10班的学生大多数缺乏驱动他们努力拼搏的人生目标。有些学生由于中考失利一蹶不振:中考时没有报考青浦复旦附中的底气,也和青浦高级中学擦肩而过,最后连朱家角中学3个TI班也没有向他们抛去橄榄枝;有些学生刚结束艰辛的中考考入高中,思想上出现了松懈,他们觉得离高三高考还远,往往错误地认为高一高二离高三还远着呢,到了高三再学不迟;有些学生内心深处是想认真学习并希望取得优良成绩的,然而,他们不能很好地适应高中的寄宿生活和学习,学习上只是延续了初中的学习方法,在老师监管的情况下才投入到学习中,在早自修、午修、晚自修那段需要自我管理的时间段,紧迫性不够,自控能力较差,投入度不够,而高中知识的深、难,多要求学生从初中时的"保姆式"学习向高中"半自主型"学习方式转变,从而为以后进入大学"基本自主型"学习打下基础。周末回家,绝大多数学生完全被手机控制,没有发自内心的自我约束能力摆脱手机的诱惑。他们一方面希望完全摆脱家长和老师的控制,另一方面又常常表现出学习、生活上的不能自控。

组织开展本节主题教育课,旨在引导学生在树立一生的远大理想的基础上确立高中三年的目标,尤其是现阶段每一天的努力目标,只有这样,他们才能在目标的驱使下凝神屏气,一步一个脚印,踏踏实实,永远不迷失前进的方向。

【教学目标】

1. 认知目标

帮助学生理解人生有目标的重要性,明确人生为梦想而奋斗的意义。

2. 情感目标

通过视频、故事,名言等情感体验,激发学生为实现理想的目标意识。

3. 行为目标

帮助学生规划高中三年目标和高一近阶段目标,培养他们为实现梦想的吃苦、拼搏精神以及改变当下行为的决心。

【预设问题】

(1) 你的理想是什么?

(2) 3年后你理想中的大学?

(3) 是什么因素让你无法达到自己的最佳状态?

(4) 你该怎样有效管理自己,挖掘自己的潜力?

(5) 你的近期目标是什么?你将作出怎样的改变?

【教学准备】

1. 学生准备

(1) 出一期关于理想的黑板报,营造氛围。

(2) 收集关于梦想的格言警句,班级各类活动照片、视频。通过周记形式反映进入高中学习生活的困惑,寻求帮助。

(3) 学生根据3+3模式折算好本学期期中考总分。

2. 教师准备

(1) 告知学生班会事宜,征集班会创意,收集刷选班会需要的各种资料。

(2) 邀请2018届学长参加。

(3) 制作PPT。

(4) 推荐学生阅读《自律力》(〔美〕马歇尔·古德史密斯/〔美〕马克·莱特尔)。

【教学过程】

一、视频导入,引出主题

同学们,主题班会开始前先看一段视频。(播放习近平主席在五四运动100周年纪念日寄语青年人的短视频,引导主题)

活动1:观看视频

刚才播放的视频是习近平主席在五四运动100周年纪念日对青年人的重要讲话,习主席对我们提出了怎样的希望?由"我们都应该成为追梦人",引出主题。

那么,此时此刻请你们谈谈自己的梦想。

活动2:畅谈自己的梦想

小结:梦想,是我们对美好未来的期盼。有梦想,皆可能!种子拥有了梦想,就能破土而出,卖力生长;花儿拥有了梦想,就能姹紫嫣红,成就春天;人生拥有了梦想,就能蔑视坎坷,站上巅峰……

设计说明:引导学生畅谈梦想,展开想象对自己的未来进行美好憧憬,从而形成良好氛围,激发学生为实现梦想而努力奋斗的信心和决心。

二、树立梦想,模拟志愿

我们的美好愿景,宏伟蓝图不会一蹴而就,要实现你的梦想,我们现在就要行动起来。你们已经初步完成3+3的选课,学校、班主任老师平时也提供了大量的高考信息给你们,两年后的今天你们即将奔赴高考的战场,接下去我们来一次模拟填写高考志愿。

活动3:填写模拟志愿并交流

你理想中的大学	2018年预测录取分	期中考3+3的总分	差　距

请同学们把你们的志愿装进红色的信封,放在我这儿,我会替你们保管到高考结束后,希望你们能够梦想成真。

小结:我们的理想信念一旦确立,就可以使学生明确方向,精神振奋,不论前进的道路多么的曲折,都可以使人透过乌云和阴霾,看到未来的希望和曙光,永不迷失前进的方向。

设计说明:青年人树立远大理想是时代的需求,高中生有了梦想,奋斗才有目标,人生才有航向,才会有持久向上的进取心。在大家交流理想的基础上,利用最近选择加三的契机,让学生模拟填高考志愿,明确高中三年的目标。通过视频和学生一起体悟成功需要不一般的信念、毅力、自信,百折不挠。从现阶段行动起来。

三、追梦路上,审视当下

同学们,你们已然筑梦,在实现梦想的道路上,充满了荆棘,布满了崎岖。是迎难而上,还是退缩不前?请大家看一组漫画。

4幅漫画表达的是:① 学习上遇到问题,缺乏自信,不主动请教;② 教师不在时,教室里总是乱成一团;③ 同学之间不团结;④ 以做作业为借口玩手机。

活动4:请大家结合漫画思考几个问题

问题1:你看到了什么?

问题2：这种情况发展下去会怎样？

问题3：我们该怎样管理自己？

小结：确实，我们有很多学生进入高中以来，还没有很好地适应高中生活，在学习习惯和方法、人际交往、自控能力等方面，表现得还不尽如人意。老师替你们着急啊！如果不及时改正，继续这样发展下去，老师我是很担忧的。

设计说明：用学生喜闻乐见的漫画方式描述高一学生中常见的现象，让学生反思自己身上是否也有此类情况，帮助他们找出自己没有达到理想状态的原因，输入准确的价值观并提供相应的援助，清除学生通往理想之殿堂的障碍。

四、学习榜样，确立目标

上述这些行为都是我们追梦路上的绊脚石，要不要改？看看我们的学长怎么做的。

活动5：聆听学长的成长感悟

学长1：任泓宇（2018届朱中毕业生。上海公安学院治安学的大一新生）

学长2：孙轶凡（2018届朱中毕业生。现就读于华东政法大学金融专业）

我们该怎样有效管理自己，挖掘自己的潜力？你们的学长分享了他们的成长经历。从两位学长身上我们学到了什么？

小结：我们该怎样有效管理自己，挖掘自己的潜力？两位学长分享经验：**遵守制度、聆听老师教诲、自我管理、掌握方法、持久努力。**

设计说明：学长曾经和我班学生坐在同一间教室，在同一个班主任的教育管理下，他们的经历和反思可以更好地帮助学生少走弯路，顺利到达理想的彼岸。写下近期目标，制作目标旨在帮助学生进一步明白最近一阶段的迫切任务，培养他们在目标意识下努力拼搏，不负韶华。

五、调整行为,争取圆梦

两位学长身上的哪些品质让他们顺利进入他们理想的大学,实现了高中三年的目标?现实和梦想的桥梁是行动,让我们行动起来,制作《我的一年目标》,张贴在目标树上,时时提醒我们珍惜当下,脚踏实地一步一步朝目标迈进。

活动6:填写《我的一年目标计划》

我的一年目标	改进的措施

设计说明: 树立了远大理想,规划好了高中三年的目标,实现梦想从现在开始,近一年的目标让学生明确了奋斗的方向,完善自己,慢慢接近目标,班会的意义才真正落实到了。

六、总结

同学们,梦想不是只靠想就能实现的,实现梦想,需要我们每一个人继续付出辛勤劳动,脚踏实地地做好自己的事。我相信:拥有梦想的人一定势不可挡,希望我们每个人都能拥有"于无路处辟新路"的勇气,都能成为璀璨的耀眼之星!让梦想成为青春旅途中一道亮丽的风景。三年后,我们可以自豪地告诉自己,我可以遇见更好的自己。

梦想,从这里起航

上海市朱家角中学 冯 妮

【背景分析】

中共中央总书记习近平提出了"实现中华民族伟大复兴,就是中华民族近代以来最伟大的梦想"的著名论断,"中国梦"成为热词,成为人们议论的焦点话题。我国中小学德育也把理想信念教育放在极其重要的位置。

作为班主任深刻了解到,高一是初中到高中阶段的"过渡"时期。新入高中的学生对于高中生活充满着好奇,有干劲,想给同学和老师留下好印象。但由于初高中科目设置和学习生活上的不同,有些学生学习目标不明确,还是用初中的学习方法学习高中的知识,自学能力不强,有些学生甚至觉得自己无力应付高中的学习,产生放弃的念头,还有一些学生觉得考入了高中自己考大学肯定没问题,到了高三再努力也来得及,每天浑浑噩噩的过日子。设计本节"梦想,从这里起航"主题教育课,目的是引导学生明白人生有了梦想,有了目标才会活得充实和有意义。在学习中也是如此,因为认真学习的过程就是每一个小小的梦想实现的过程。

【教学目标】

1. 认知目标

让学生知道什么是梦想,以及人生有梦想的意义。

2. 情感目标

通过活动,让学生明白有梦想就有希望,才会激发出内在的潜能。同时,让学生懂得,徒有梦想,而不付诸行动,梦想便一无是处。只有辅之以艰苦的劳作、不断的努力,梦想才有巨大的价值。

3. 行为目标

引导学生重拾自己的梦想,并为实现自己的梦想规划三年高中的目标。

【教学准备】

(1)学生收集励志故事,以及身边同学刻苦学习的故事。
(2)学生调查《班级学习情况问卷》,汇总并制作PPT。
(3)教师截取视频和背景音乐。

【教学过程】

一、播放励志故事,引出主题

陈州《你最幸福》内容介绍:陈州,六岁父母离异,不幸福。十三岁,被火车轧断了双脚,也不幸福。十八岁那年,他问一个游客:"大哥,泰山有多高,你觉得我能登上去吗?"对方回答:"你是不可能登上去的。"受打击后,不服输的意念在心头。第二天拿着两个小木盒(他的鞋),花了十二个半小时才登上南天门,可是有很多人夸他"小伙子你太棒了!"那时开始,他就用另外一种心态去对待的生命。他走遍了二十多个省份、七百多座城市,在街头的演唱会也办了三千多场,并赢得了一位姑娘的芳心。结婚成家,有了可爱的女儿。可贵的是,女儿并没有为有这样的父亲感到抬不起头,而是感到骄傲。不要总认为自己的鞋子不够漂亮,这个世界上还有很多没有脚的人。

提问1:如果你是陈州,现在的你会过着怎样的生活?

提问2:为什么陈州觉得自己活得很幸福?

学生A:如果我是陈州或许我会在抱怨声中度过一生,而陈州通过自己的努力也快乐地生活着。

学生B:如果我是他可能我已经放弃了自己,躺在床上等待死亡。而陈州却用自己坚强的意志克服困难,做到了自己想做的事情。

小结:在陈州的言语当中,我们都已经忽略了他是一个没有双腿的残疾人,他对待生活乐观、自信。勇于追求自己的梦想,因为有了梦想的支撑,陈州觉得自己活得很幸福。那么我们正常的人更应该有梦想并且为之努力。今天,我们一起来探讨"梦想"这个话题。

二、重温儿时梦想,解读内涵

提问1：还记得你儿时的梦想吗？

学生交流：(略)

提问2：那么,什么是梦想？

小结：梦想,是对未来的一种期望,指在现在想未来的事或是可以达到但必须努力才可以达到的情况,梦想就是一种让你感到坚持就是幸福的东西,甚至其可以视为一种信仰。

提问3：人为什么要有梦想？

学生A：梦想是让人找到人生意义的一种东西,在人迷茫或者无力前行时给人动力。

学生B：梦想就是没有实现的一种想法,因为有了梦想人才能前进。

小结：对于人为什么要有梦想,我想用3句名言来概括一下：

一个人可以非常清贫、困顿、低微,但是不可以没有梦想。只要梦想存在一天,就可以改变自己的处境。——奥普拉

一切活动家都是梦想家。——詹·哈尼克

梦想如晨星,我们永不能触到,但我们可像航海者一样,借星光的位置而航行。——史立兹

提问4：你为实现自己的梦想做了什么努力？

提问5：你觉得要实现梦想都需要那些品质？(可以结合陈州的故事思考)

学生A：我的梦想就是考入一个好的大学。每天认真学习,上课认真在听课,至少每天都在努力。我觉得实现梦想需要坚定的信念和坚强的意志,不怕苦不怕累。

学生B：我的梦想是做一个心理医生。但是因为各种原因,我似乎已经淡忘它了。我觉得实现梦想要愿意为梦想付出。

小结:实现梦想需要如下品质。

1. 脚踏实地

(1) 设定的梦想应切实可行,充分考虑自身条件及时代环境。梦想设定得太高,就不叫梦想了,叫幻想。

(2) 要为梦想实现的过程制定计划和时间节点。梦想是远景计划,需要许多小的目标来逐步累积实现。

(3) 要勇于执行!再好的梦想和梦想实现计划,都是做出来的,而不是等出来的。

2. 自信

你不能以敷衍的态度去实现你的梦想,你必须充满激情、全力以赴,而这一切都源于你的自信,这种自信,源于你之前踏实的梦想规划,也源于你对胜利的渴望。

3. 坚韧

梦想实现的过程不可能是一帆风顺的,你必定遭受挫折。你要相信,挫折是实现梦想的阶梯,人的胸怀是委屈撑大的。当你处于低落期时,坚韧本身就是一种梦想的前奏。

4. 放弃

在实现梦想的过程中,诱惑无所不在,就如同一个穿过闹市去买书的人,可能在路上就被喷香的美食、绚丽的游戏室、魅力十足的异性迷失掉,忘记了自己的本来目标。所以,不被诱惑,放弃短期利益,是实现你梦想的必要条件。

三、情景剧再现,剖析案例

情景剧《小强的学习生活》,内容分4个场景(以漫画形式出现)。

情景1:小强在教室认真做作业,他的同学嘲笑他死读书,不出去跟他们一起玩,并且说,明星不读书也可以过得很风光。

情景2:小强晚上作业做的很晚了,爸爸告诉小强时间太晚不要再做了,明天去找老师解释一下就可以了。

情景3:小强在学习中遇到问题,和同学一起讨论,结果没有讨论出来,同学建议去问问老师,小强说问老师太丢脸,说不定老师还会指责自己没有认真听课。

情境4:小强同学打电话叫小强周末出去玩,并且告诉他,学习已经很累了,周末就应该彻底放松一下。

提问6:针对以上4个场景,请同学们分组讨论,谈谈你们的想法?

学生分组讨论如下。

第一组:我认为明星付出的不一定就比我们少,他们表面上看起来风光,背后可能也付出了很多,也会有不为人知的艰辛。

第二组:我觉得我们应该要充当分利用自修课的时间,以及在学校的一些零碎的时间,尽量不要把太多的作业带回家,否则做的太晚也会影响第二天的休息。

第三组:其实我觉得老师会很高兴和学生交流的,在问老师问题的时候可以先把自己的几个方法说出来,这样更加有效率一点。

第四组:因为高中的课程比较多,可能在学校并没有太多的时间去思考自己遗留下来的问题,那么我们可以利用周末的时间可以归纳整理,高中和小学、初中已经大有不同了,所以我们要改变我们的学习方法。

小结:如果一个人整天耽于梦想,把自己全部的生命力,花费在建造虚幻的空中楼阁上,那就会徒劳地耗费固有的天赋与才能。有了梦想以后,只有付以不懈的努力,才可使梦想实现。

四、联系具体实际,认清自己,规划自己

1. 展示高一年级学习情况调查

高一年级学习情况数据分析,调查结果:80%的同学不知道自己的梦想是什么;20%的同学不能按时完成老师布置的作业;36%的同学不会利用零碎的时间学习;15%的同学抄袭作业;60%的同学周末作业不能认真完成。

小结:从具体的调查数据可以看出,我们大部分同学梦想缺失,为数不少的同学未养成好的学习习惯。这些都是我们人生道路的绊脚石,我们必须去克服。

2. 分享班级学优生为梦想而努力的故事

学习班级学霸为梦想而努力的故事,并且知道有了梦想还要知道实现梦想的方法。

3. 邀请语文、数学、化学老师给学生提出学习方面的建议

略。

4. 填写自我反思规划卡片

我的梦想_____

我的优势	我的不足

针对自己的不足做哪些改进:

五、总结

我们这节课要结束了,请大家把自己的梦想写在卡片上,并且反思一下在实现梦想的过程中,大家每个人有哪些收获,在哪些反方面还需要继续努力。有谁愿意和大家一起分享一下呢?

学生A:我的梦想是成为一名画家。我觉得我做到的就是认真听课,认真完成作业,不足的地方是和小明一样不愿意问老师问题,而且我的英语成绩需要再提高一点。

学生B:我的梦想是要考一个好一点的大学,但是现在想想离梦想还很远。我觉得自己的时间没有充分利用也没有短期的目标。

【教学反思】

本次主题教育课,同学们都表现得很积极、主动,能大胆地畅谈自己的梦想。实现梦想需要的不是一天两天,也不是一年两年,而是

几十年如一日的耐力、恒心与毅力。关键是要培养自己的习惯,坚持自己的原则。而"顽强的毅力可以征服世界上任何一座高峰",恒心与毅力,在征服的过程中必不可少。命运靠自己主宰,人生由自己把握。老师希望一年半之后再看看那些写着你们梦想的纸张,你们会为之自豪,老师会为之自豪,你们的家长也会为之自豪,学校也因为有了你们而自豪。

追梦,恰青春

上海市朱家角中学　李　峰

【背景分析】

根据《教育部中小学德育工作指南》的目标要求,德育工作要培养学生自主自助,应对挫折,适应环境的能力,培养学生积极健康的心态和良好的个性心理品质。伴随着高中学习难度的逐步提高,高一学生在学习和生活中的压力也在渐渐增大。这些压力如果无法排解,就可能会成为心理上的沉重负担,从而引发一系列新的衍生问题。比如,不知道怎么问问题,也不敢问;自习时间运用不合理,作业效率低下完成度不高;自习课剩余时间利用不充分;缺乏充足的行动力去践行自己制订的学习计划。这些该如何解决呢?

转眼大家进入朱家角中学已经一个半学期了,回溯记忆,仿佛又回到大家刚刚踏入朱中校园的那一天,每个人脸上的懵懂好奇都显示着高中生活给大家带来的陌生感和新奇感,现在大家对于高中学习生活的种种已不再陌生,我们班也逐渐凝聚成了一个具有集体意识与荣誉感的大家庭。在这段时间内有许多变化是可喜的,然而也有一些可能为大家所忽视的问题。随着学习科目的增多,学习难度的上升,大家对学习的热情也逐渐消解转而变得敷衍懈怠,抱着完成任务的心态机械学习,而未能寻找适合自己的学习节奏与学习方法,许多困惑与问题也总是被搁置一边悬而未决。我渐渐发现同学们追逐梦想的活力减弱了。

同学们的表现让我的管理压力与日俱增,有句话自从春节的时候就一直闪现在我的脑海里"如果成功是青春的一个梦,那么追求的过程就是青春本身。"这句话有两个关键词,即"青春"与"追求"。借助这个话题我决定开展一次主题教育课,但愿能教育引导学生学会积极、有效地面对高中学习和生活中的困惑。

【教学目标】

1. 认知目标

从"青春"入手引导学生深刻认识其对个人成长的人生意义。进而理解非智力因素造成同学间学习成绩差异的影响。明确梦想的实现要着手于实处。

2. 情感目标

对梦想的追求需要良好的意志品质,提高学生乐观积极地面对困惑的决心以及孜孜不倦的追求梦想的奋进精神。

3. 行为目标

切实认识当下的成长过程中存在的困惑,通过分析、对比、思考来梳理学习中的困难进而调整、提高自己的自主学习能力。

【教学过程】

一、导入

我们每一个人的梦想一直都在那里,在绚丽的星空中,如果我们去追求梦想,就意味着我们有实现梦想的可能。如果说成功是青春的一个梦,那么追求就是青春本身。可是为什么有些人实现了梦想,有些人没有。今天,我就跟同学们一起聊聊今天的主题——追梦,恰青春。

二、什么是青春?

1. 什么是青春?

提问:同学们,你们认为什么是青春?

学生:讨论并发言。

小结:青春不仅仅是课堂,是欢声笑语,是困惑与苦恼,是我们一起待过的班级;青春不是片段,青春是一个追寻挑战,养成良好行为习惯和思维模式的时机,影响、决定人的一生。在这个时机中需要不断地追寻意志、克服困难、塑造自我并逐步形成自己的人格特质,最终体验成功的美好时光。

2."后生可畏"为我们追梦增添动力

青春是人成长的重要时期,这一时期的学习决定自己能成为什么样的人,是默默无闻还是让人敬畏,都是由这一时期的经历塑造。孔子有这样一句话

子曰:后生可畏,焉知来者之不如今也? 四十、五十而无闻焉,斯亦不足畏也已!

其中的畏,我解释为忌惮,不被轻视。表示期待,期望;要给机会,要培养。

这就是告诉我们,年轻人努力拼搏、追求的精神是让人敬畏的,这是我们的标签,它可以为我们的追梦过程增添动力。

三、追梦

1. 给人生增加色彩

提问:同学们,青春是美好的,追梦是快乐的,过程是充实的,老师想问问大家,我们到底在追求什么?

学生分享自己身边的成功事例:

(略)

同学们说得很好,下面老师也要跟大家分享一位我很欣赏的演说家,请看大屏幕,你们认识他吗? 你们对他了解吗?

(学生分享对尼克·胡哲的了解、经历、语录等)

看来大家对他很了解。尼克·胡哲就是这样一位伟大的演说家,他常常说自己就是"做到取长补短才成功"。他没有因为自己的不幸而自暴自弃,反而说出来"要有希望,为梦想而前行""人生不设限"等积极美好的人生宣言,并用这些语言来激励自己,使自己的人生充满了色彩。大家分享的例子和我们了解到的尼克·胡哲的经历都足以说明:追梦可以给人生增加色彩。

尼克从现实到梦想的距离是什么——万丈深渊,远到看不见自

己生存的意义,而我们距离梦想又有多远呢?

2. 我们离梦想有多远?

从以上的事例中,我们都会得到启示,有梦想很重要,知道如何实现梦想更重要。同学们都有自己的梦想,那我们现在共同的梦想是什么?(考上一所好大学)现在大家说一说,自开学初到现在,我们在追梦的过程中表现怎么样呢?

学生讨论自身的困惑:(略)

* 学习习惯存在的问题。

* 家长的期望带来的压力。

* 学习目标不明确造成的方法不得当。

3. 立足当下做起

提问:看来同学们的困惑很多,那我们如何去解决问题? 如何更近的去接近梦想?

(1)榜样激励。教师分享自己的一点体会。(略)

(2)从小处和细处做起。看到这里,不知道对大家的困惑是否有所启迪? 努力拼搏其实只要做好两点就可以了。一是"着手于低近,则高远可至";二是"图难于其易,为大与其细"。

(3)坚守,持之以恒。还有一点老师觉得是非常重要的,那就是持之以恒,再好的习惯如果不能坚持下去,都不会成功。周国平在《尼采在历史的转折点上》中说,"只有活力没有定力同样一事无成"。另外我们还经常听到,"成功的路上一点也不拥挤,因为坚持的人很少!"希望能和同学们共勉。

四、总结

"如果说成功是青春的一个梦,那么追求即是青春本身。"我再加一句"一个人的青春是在他不再追求的那一天结束的!"希望大家在奋斗3年之后,也会实现自己的梦想,成为天际中璀璨的那颗星。更希望在今后的青春岁月中,勇敢追梦,用梦想点亮自己的青春,追梦,恰青春。

【教学反思】

什么是青春？许多同学的回答是，"当下是青春，我们就是青春"。杜甫的《春夜喜雨》中写道"好雨知时节，当春乃发生"。说的是雨水由于时节而贵重。《论语·子罕》曰："后生可畏，焉知来者之不如今也？四十、五十而无闻焉，斯亦不足畏也已。"主要强调两点，一是青春珍贵；二是珍惜时机。青春对于我们每个人来说是一个不可错失的时节，因为青春中所有的经历以及我们对待这段经历的态度一定程度上对我们未来的发展走向有不容小觑的影响力，在这一时期内理想的发展走向便是：人格逐渐健全，精神世界丰盈充实，性格气质趋向稳定，并找到合乎自己个性特点的与外部世界相处的方式。而主导这诸多变化的一个决定性因素便是正确观念的树立。

什么是观念？从大的方面讲，一是世界观，即修为，体现个人价值、贡献；二是人生观，即追求，体现实施个人规划、目标的态度；三是价值观，即选择，体现素养，对事物的判断，明是非。人生的成长过程中不断面临选择和判断。从小的方面讲，观念就是人对于世事的行为习惯和思维模式。这个观念就如同惯性，伴随着时间的积累其质量就会越大，惯性就越大，其运动轨迹就越难改变，观念一旦形成，日积月累就越难转变。俗话说"站有站相，坐有坐相"，说的就是行为习惯，良好的行为模式成为习惯就养成了优秀的思维模式。

我们懂得了青春的重大意义，如何把握青春缔造青春？就是追求！

有的同学认为，追求就是考好大学，找好工作，有好待遇，有房有车，家庭美满。其实每个人的追求无非就是两点，一是赢得家人，朋友以及社会的肯定，并有一定的贡献，这是外显的追求叫做名声；二是实现自身价值，活得充实有成就感，活得有意义，这种内隐的追求叫做自我肯定，赢得尊严。无论尊严还是名声都让自己的生活丰富多彩，充满生活的激情和乐趣，体验生活带给自己的美好享受。所有这些听起来是那么的美好，但是要实现它就看怎么做了，这才是实际意义上的追求。

追求的实施过程,从两个方面做起。

一是立足当下,巩固提高切实解决困惑。《论语·子张》中,子夏曰:"日知其所亡,月无忘其所能,可谓好学也已矣!"学习过程中一定要了解自己的学习状况,了解学到了什么,才会了解还有什么需要钻研,对于自己已经学到的知识和技能要通过练习巩固变成"学有所通"。最糟糕的就是对于学会的知识停留在一知半解的层面。学习过程中遇到的困惑、疑问、问题以及这些情况导致情绪上反映出来的敷衍、焦虑、排斥等心理现象就是追求应该解决的事。追求不是喊口号,应该落实到具体问题具体措施,把问题和不良情感个个击破,转变为合理的,对的学习过程,这才是实际意义上的追求。作为学生来说,问题可能表现在作业拖拉,有疑问不去请教,老师布置的作业能应付绝不认真,等等。学生必须要主动、积极、深入、细致地做好自己要做到的事情。"图难于其易,为大与其细",处理好细节才是取得成绩的关键。比如,某同学每次默写都不合格,那就克服这个困惑。首先应给自己列一个时间安排表,规定自己什么时候,分几次把老师要求默写作业背下来,不管作业多少就是要把老师的要求做到。这也是我给成功的定义:"勇于克服自己的不足就是成功",这就是追求。成长就是不断的克服所遇到的各种困惑,进而体验收获的喜悦,但这个历程是艰辛的,追求就是不断地突破束缚,建立或丰富新的认知。在克服困难的同时,还要巩固掌握的知识。

二是意志坚强,不放弃,不松懈。这是一个人是否成功赢得尊严的力量。"成功往往在下一个坚持一下之后才会实现。"我们班每一个人都不知道自己到底有多优秀。高中生在追逐理想的道路上应该不断地尝试,一次又一次尝试,无所谓失败,也没有失败者。周国平在其著作《尼采在历史的转折点上》中说,"困惑是我的诚实,追寻是我的勇敢!"是的,就是要真实地应对青春时期遇到的各种困惑,不断地、持久地解除障碍,不放弃,有勇气面对历程中所经历的一切,最终实现突破自我,这才是成长,这才是青春的追求。

把握青春这个追求时机,实现自己在家庭和社会中的更大价值。在此过程中一定要遵循"吃苦耐劳"这个原则。"劳"表示劳作、劳动、勤劳,劳动创造了人类文明,劳动创造了社会价值。作为班主任我非常注重一个学生对于值日劳动的态度,这体现学生的品行,这是考察一个人基本素养的表现之一。因为学会了吃苦耐劳,就学会了担当和责任;学会了担当和责任,就学会了谦虚和谨慎;这是一个人的优秀品质。甘于"劳"的每个人的"苦"是不一样的,有的早晨一进教室就打瞌睡,有的一回家就抱起手机,有的就是认定自己记性不好等,但为了自己的人生意义,必须吃下自己的苦,耐得住劳。一个人的青春如果可以吃苦耐劳,就注定有不平凡的成就。

无论是刚才对青春意义的阐释还是对追求过程的强调,究根追底还是期望学生能以一种"吃苦耐劳"的态度去面对甚至超越高中阶段的诸多困难与障碍,去充分挖掘自身的潜力与可能性。

本节课旨在引导学生深刻了解青春与追求对于成长的重大意义。把握好人生成长中的关键时机,有利于更充分的发展自己的潜力和价值;追求不是喊口号、树旗帜,而是敢于面对自己的不足,剖析问题,从具体操作的层面调整方式和方法,实现自我突破和进步,这样一来得到的就不仅是成绩的提高,更为重要的是思维的拓展。

学有所悟，责有所担

上海市朱家角中学　殷吉男

【背景分析】

一场突如其来的新冠肺炎疫情，让我们看到了许多平凡而伟大的身影：生活中，他们是父亲、妻子、孩子、朋友……危难时，他们是天使、战士、志愿者、摆渡人……所谓英雄，不过是平凡人在危难前选择英勇。所谓担当，不过是普通人在困难中选择坚强，在这个没有硝烟的战场，每个人都在用自己的方式战"疫"，每一张平凡的面孔都值得致敬与铭记。

同时，应教育部发布的"停课不停学"通知，上海市采用了"空中课堂"的方式，统一开展在线教学。问题随之产生，学生在家的网课学习处于无人监管的状态，学生在手机、电脑的诱惑下，学习效果堪忧。缺乏责任心是学生思想问题的根源。

基于此，结合本次疫情，我设计了《学有所悟，责有所担》这节主题教育课，旨在让学生从思想上认识到天下兴亡，匹夫有责，应该主动承担起责任，自觉投入学习。本节班会课旨在通过丰富的素材对学生进行思想价值观的引导和教育，引导学生学习凡人英雄的担当精神，学会分辨不良言论的情形和危害，学会慎独自律，努力提高自身的学习能力。

【教学目标】

1. 认知目标

了解"责任"的含义，懂得有责任心的重要性，认识自己应该承担哪些责任。

2. 情感目标

通过活动让学生能关注社会热点，思考责任的重要性和责任感缺失的危害。教育学生学会对自己、对他人、对集体乃至对社会负责。

3. 行为目标

通过观看情景剧、话题讨论、案例分析等方式,引导学生反思自己在成长中扮演的角色,懂得责任的内涵,明确自己应该承担哪些责任,如何做一个有责任心的人。

【教学准备】

1. 学生准备

(1) 收集抗疫过程中的优秀事例,制作成短视频。

(2) 搜集线上学习期间不认真学习的片段,拍成情景剧。

(3) 给未来的自己写一封信。

2. 教师准备

(1) 监制短视频,排练情景剧。

(2) 联系毕业学长,谈谈自己的成长经历。

(3) 制作PPT。

【教学过程】

突如其来的新冠疫情,搅乱了全国人民的春节,更让我们经历了一个特殊的寒假。"疫情就是命令,防控就是责任。"习近平总书记的一席话,让中国打响了抗击疫情的战争。那么责任的内涵到底是什么?下面我们一起来听听同学们的分享。

一、故事明理,知责任

1. 讲述抗疫故事(播放短视频)

A. 医护人员

钟南山、李兰娟院士虽然年事已高,仍然毫不犹豫地奔赴战"疫"第一线;

抗击新冠疫情最前线的医护工作人员休息时,有的席地而睡,有的趴在桌子上,有的侧躺在椅子上……穿着厚厚的防护服,没有床铺……他们摘下护目镜,满脸勒痕、疲惫但却乐观。

B. 公安干警

疫情来临时,肩上的责任和入警时的铮铮誓言,让全市数千名民警毅然投入到疫情防控的阻击战中。他们守一道卡,护一城人;他们迎难而上,通宵达旦;他们心中有责,不言后退。在抗击疫情最前沿,处处有他们温暖而坚定的身影。

C. 社区志愿者

这场突如其来的疫情,就像一面镜子,照出了许多普通人不普通的灵魂。疫情防控期间,各小区的进出人员都需要登记并测量体温,还需要给隔离在家的居民送生活物资等,大量的各行各业的人们都积极主动地加入到这个志愿者队伍。他们用自己的实际行动,坚守初心,勇担责任,践行使命。

D. 快递小哥

新冠肺炎疫情暴发后,商场冷清,店铺停业,路上行人寥寥无几,街头车辆了无踪迹,是快递员们一如往常的"走街串巷",让一座略显冷清的城市有了温度。面对疫情,快递小哥们不惧风险、勇敢"逆行",用实际行动诠释了"美好生活创造者、守护者"的责任担当。江西南昌一名快递员在日记中写道:"我是快递员,我可以给老百姓送他们急需的物资,比如说孩子吃的奶粉,家里吃穿的东西,人人要用的口罩,还有各种医疗物资等。虽然每天在外面跑,感染的几率会很大,但是我依然选择坚守岗位。"

E. 同龄人

郑州一名中学生用自己的压岁钱买来口罩和消毒用品,送给一线执勤的建中街巡防队员;上海15岁中学生赵珺延放弃旅游,只身一人从国外背回1.5万只口罩;我们班的姚同学利用周末时间做社区志愿者。

F. 同学补充

我妈妈是一名普通的自由职业者,疫情暴发期,她发动全家在青浦城区募集暖宝宝、暖脚贴等各种发热贴,还有很多热心人送来饼干、蛋糕等,让她一并送给那些伫立在寒风中的防疫工作人员。她还主动申请到高速路口做防疫增援工作。

2. 引出责任内涵

在以上故事分享中,我们看到了他们高度的责任心,如果大家都缺乏责任心,我们的抗疫不可能如此成功。

讨论:责任的含义到底是什么呢?

对责任的理解通常可以分为两个意义:① 指社会道德上,个体分内应做的事,如职责、岗位责任等;② 指没有做好自己的工作,而应承担的不利后果或强制性义务。所以,责任有两个方面:一方面,是要去做;另一方面,是要做好。

设计意图:本环节通过同学们分享各行各业的人们的抗疫故事以及对责任内涵的讨论,使学生感知到有责任心的重要性,从而深入体会责任的内涵,提升责任意识。

二、案例剖析,明责任

1. 小明上网课的一天(情景剧)

早上8点,闹钟响起,小明很不耐烦地关掉闹钟,继续睡觉。

上午10点,小明开着电脑,播放着空中课堂,手里却拿着手机在玩游戏。

中午12点,小明拿出爸妈给他准备好的午饭,随意扒了两口便放在桌上,继续玩起了手机。

晚上9点,小明看着一张张还未完成的练习,拿起手机打开软件,开始搜题、抄解答过程;10点,钉钉上传来老师催交作业的消息,小明皱起眉头,随后开始联系同学抄作业。

半夜12点,小明还在热火朝天地和朋友联机打游戏,毫无睡意……

讨论:小明心里怎么想的?他为什么会这样?

(小明觉得反正没人监督,学习差不多就好,这些是小明对自己不负责任的表现。)

2. 微辩论

(1) 学习需要自律还是他律?

(学习是自己的事情,自己的未来掌握在自己手中。严于律己,既是对自己负责,也是对家人、对社会负责。)

(2) 联系实际,讨论明确"我的责任"。

对自己、对学习、对家庭、对社会……(学生自由发言)

设计意图: 本环节在学生明白了责任的内涵、有了责任意识之后,通过案例分析和微辩论,使学生明确作为学生,最重要的就是要对自己的学习和未来负责,使得责任变得更加具体,从而加深对责任的理解,为后面担责任作铺垫。

三、从我做起,担责任

1. 榜样激励

A. 学长现身说法

朱家角中学19届高考状元介绍自己高中三年如何通过自己的不懈努力,最终步入高等学府,以及他现在在大学里积极参加各种社团活动,充分锻炼自己,成就更加优秀的自己的经历。

B. 疫情身边榜样

河南高三学生小通,因家里经济条件不好没装宽带,大冬天每天8点独自爬上屋顶,借用邻居网络在钉钉上课,成绩名列前茅的他,目标是考上浙大。

四川旺苍,高一女生杨秀花半个小时走2千米山路,爬上山坐在崖壁边蹭网上课。她说,村里只有村委会有网,但疫情期间不能进入,只有爬上山离那更近。

2. 交流正确做法(学生自由发言)

3. 给未来的自己写一封信

设计意图: 知道了要"做什么"之后,更重要的就是"怎么做"了。本环节借助榜样的力量、同学的交流和自己的沉淀,使同学们明白只有抓住当下,才能收获未来,激发起同学们勇于承担责任的决心,以饱满的热情投入学习!

四、总结

英国王子查尔斯曾经说过:"这个世界上有许多你不得不去做的事,这就是责任。"责任心是一种舍己为人的态度,责任心是人们自觉做好每一件事情并负责到底的决心和信念。

最后,让我们一起欣赏由朱家角中学春晖艺术团的师生在家中自编自导自演的一部音乐舞蹈《等你》,为防疫工作者加油,为中国加油!

【教学反思】

本次疫情不管是对国家、企业还是个人的影响都很大,我们的学生看到、听到的很多,但是他们大多数都没有深入的思考,所以,很有必要带领他们深入分析、深刻感悟,改变思想认识,以良好的状态投入学习。通过对疫情的感知、责任的分析,学生的责任意识得到了不同程度的提升,部分同学的学习态度明显好转,但是学生发展核心素养如同滴水穿石,不可能一蹴而就,学生的责任心也不可能通过一节课就陡然增强,还需要我们在今后的教学中,点滴渗透,持之以恒。

维护公共秩序,防范安全隐患

上海市朱家角中学　陆　佳

【背景分析】

中共中央颁布的《公民道德实施纲要》指出,学校是进行系统道德教育的重要场所,青少年是公民道德教育的重点人群,公民道德教育是学校德育的重要内容。社会公德是人类社会生活中应当共同遵守的道德规范和生活准则,是人类社会文明的一个客观标志。社会公共道德的主要内容包括:文明礼貌、保护环境、遵纪守法等,它涵盖了人与人、人与社会、人与自然之间的关系。它的主要作用,一是追求个人道德完善,二是维护公众利益、公共秩序。避免在社会出现人与人关系中的失序、失礼、失范。

从现实来看,社会上经常发生在成年人身上的公共秩序行为缺失,主要有扰乱车站、码头、民用航空站、市场、商场、公园、娱乐场、运动场、展览馆或者其他公共场所的秩序行为。比如,遇到乘地铁,不顾一切向前挤;乘坐飞机时,大肆干扰别人;影剧院里大声讲话;乘坐公交车,跟司机发生冲突;进商场时,不遵守商场有关规定等行为。校园里也经常看到少数高中生的公共秩序行为缺失。主要有:课间在走廊里大声喧哗、三五成群挤在一起嘻嘻哈哈、打打闹闹,站满廊道、全然不顾过路的其他同学和老师。食堂就餐不排队,时不时地还会插队。高中寄宿生一般是4～8人一个宿舍,早上起床以后抢占水龙头,结果是大家挤来挤去,都赶不上早读。无论在社会上还是在校园里,学生看到身边的人或同学违背公共秩序,也不制止、不反对,不知履行公共秩序,违背公共秩序行为成为家常便饭。可见,中学生的公共秩序意识淡薄。

高中生的公共秩序教育应该比应试更加重要,作为高中班主任,加强高中生的公共秩序教育应该成为我们义不容辞的责任。本节课是结合学校的自律教育,教育学生在公共场所自觉遵守各种规章制度和纪律。在影剧院、体育场、公园、图书馆、商店、公共电汽车上,一定按规定办事,不为个人利益破坏规定。尤其是看到有人破坏规定时,不要出于从众心理也跟着去做,应该劝阻那些违规的人。增强规则意识,提高文明水平。

【教学目标】

1. 认知目标

理解社会秩序的稳定,公共生活的和谐是建立在公民具备社会公德、遵守社会规则的基础之上,知道社会公德是社会生活中必须共同遵守的最起码的道德规范。

2. 情感目标

树立遵守社会规则、独立自主、承担社会责任的强烈意识。

3. 行为目标

在公共场所不破坏公共场合的规则,自觉遵守公共秩序,做事合乎社会规范。

【教学准备】

1. 学生准备

(1) 为辩论赛搜集素材。

(2) 抄录与如何为人处事有关的《论语》片段。

2. 教师准备

(1) 搜集与公德和遵守规则有关的新闻素材;搜寻《论语》中与班会主题有关的言论。

(2) 制作多媒体课件。

(3) 指导学生开展活动,如新闻播报、展开辩论等。

【教学过程】

一、巧用图片,引入新课

【出示图片】疫情期间,不戴口罩进商场,还不听保安劝告的顾客;地铁站人群蜂拥而至。

提问:同学们,当你看到这个情况,你想到了些什么?

引出主题:人们在公共生活中离不开公共秩序,离不开规章制度。一旦失去了这些准则,社会生活就会变得混乱不堪。只有从自己做起,人人都做,才能使社会生活和谐安宁,形成良好的社会风尚。遵守公共秩序是一个人道德品质的具体表现,是宪法所规定的每一个公民应尽的义务,也是学生思想品德修养的一个必不可少的重要内容。今天,我们一起来学习"维护公共秩序,防范安全隐患"主题教育课。

二、解读事例,理解内涵

介绍国外关于秩序的事例如下。

深夜,一个人走进德国某小镇的车站理发室。理发师热情地接待了他,却不愿意为他理发。理由是,这里只能为手里有车票的旅客理发,这是规定。这人委婉地提出建议,说反正现在店里也没有其他的顾客,是不是可以来个例外?理发师更恭敬了,说虽然是夜里没有别的人,但是我们也得遵守规则。无奈之中,这人走到售票窗前,要了一张离这里最近的那一站的车票。当他拿着车票第二次走进理发室里,理发师很遗憾地对他说:"如果您只是为了理发才买这张车票的话,真的很抱歉,我还是不能为您服务。"

很多人就感慨万分,说是太不可思议了,德国人真的太认真了,这样一个时时处处讲规则秩序的民族,永远都会是一个强大的民族;但有人就不以为然,说偶然的一件小事,决定不了这么大的性质,一个小镇的车站,一个近乎迂腐的人,如何能说明一个民族的性格呢?双方甚至还为此发生了争执,相持不下之际,就有人提出通过实践来检验孰是孰非。于是，人们共同设计了一项试验。

他们趁着夜色，来到闹市街头的一个公用电话亭，在一左一右两部电话的旁边，分别贴上了"男士""女士"的标记，然后迅速离开，第二天上午，他们又相约来到那个公用电话亭。令他们惊奇的一幕出现了标以"男士"的那一部电话前排起了长队，而标以"女士"的那一部电话前却空无一人，留学生们就走过去问那些平静等待的先生：既然那一部电话前没人，为什么不到那边去打何必等那么久呢？被问的先生们，无一不以坦然的口吻说："那边是专为女士准备的，我们只能在这边打，这是秩序……"

在重创民族辉煌、融入世界之流的今天，规则和秩序也是我们需要的素质。

小结：公共秩序，也称"社会秩序"，为维护社会公共生活所必需的秩序。由法律、行政法规、国家机关、企业事业单位和社会团体的规章制度等所确定。主要包括社会管理秩序、生产秩序、工作秩序、交通秩序和公共场所秩序等。公共秩序关系到人们的生活质量，也关系到社会的文明程度。

三、案例分析，明辨是非

1. 新闻播报

学生A播报：2015年新年钟声即将敲响之际，上海外滩陈毅广场，因为参加跨年灯光秀的人们缺乏公共秩序意识，发生拥挤踩踏事故，造成36人死亡、49人受伤的惨剧，死亡的人员中最大36岁，最小16岁，平均年龄仅22岁。

学生B播报：2018年8月21日上午，有网友发帖反映，在从济南站开往北京南站的G334次列车上，遇到一名男乘客霸占别人的靠窗座位，不愿坐回自己的座位。当事女乘客叫来列车长后，该男乘客自称"站不起来"。列车长问其是否身体不舒服或者喝了酒，对方回答："没喝酒。"列车长问："没喝酒为什么站不起来？"对方称："不知道。"并表示到站下车也站不起来，需要乘务员帮助找轮椅。他拒绝坐回自己的座位,并称让女乘客要么站着,要么坐他的座位,要么去餐车。座位被占的女乘客是一名刚毕业的女生,从济南西站上车,而当事男乘客自己的座位与该座位仅隔着一两排。最后,列车长和乘警劝导男乘客无果,女乘客被安排到商务车厢的座位,直到终点。

　　学生C播报:2018年10月28日凌晨5时1分,公交公司早班车驾驶员冉某(男,42岁,万州区人)离家上班,5时50分驾驶22路公交车在起始站万达广场发车,沿22路公交车路线正常行驶。9时35分,乘客刘某在龙都广场四季花城站上车,其目的地为壹号家居馆站。由于道路维修改道,22路公交车不再行经壹号家居馆站。当车行至南滨公园站时,驾驶员冉某提醒到壹号家居馆的乘客在此站下车,刘某未下车。当车继续行驶途中,刘某发现车辆已过自己的目的地站,要求下车,但该处无公交车站,驾驶员冉某未停车。10时3分32秒,刘某从座位起身走到正在驾驶的冉某右后侧,靠在冉某旁边的扶手立柱上指责冉某,冉某多次转头与刘某解释、争吵,双方争执逐步升级,并相互有攻击性语言。10时8分49秒,当车行驶至万州长江二桥距南桥头348米处时,刘某右手持手机击向冉某头部右侧,10时8分50秒,冉某右手放开方向盘还击,侧身挥拳击中刘某颈部。随后,刘某再次用手机击打冉某肩部,冉某用右手格挡并抓住刘某右上臂。10时8分51秒,冉某收回右手并用右手往左侧急打方向(车辆速度为51 km/h),导致车辆失控向左偏离越过中心实线,与对向正常行驶的红色小轿车(车辆速度为58 km/h)相撞后,冲上路沿、撞断护栏坠入江中。

　　2. 原因探讨

　　提问:3个新闻中出现问题的根源是什么?如何才能避免这样的事件发生?

　　小结:社会秩序的稳定,公共生活的和谐是建立在公民具备社会公德、遵守社会规则的基础之上。规则和秩序是需要我们每一个社会公民去遵守的。

四、模拟情景,该怎么做?

我们把镜头拉到校园看看,遇到下列情景,该怎么做?

(1)小李在图书室里遇到了好久不见的好朋友小华,两人情不自禁地攀谈起来了,隔壁的同学小强非常不满,批评他们不要大声讲话。小华不服气地说:"少管闲事!"如果你是小李,接下来怎么办?

(2)在去食堂吃午饭的路上,小辉和几个同学一路奔跑过去,不小心撞到了另外一个同学小亮,小亮没好气地骂了一句话:"你眼睛瞎了吗?"如果你是小辉,怎么做?

(3)在自修课上,小明不停地走来走去,不是问这个同学借笔记看,就是问那个同学作业怎么做,还要跟同学讲话,班长提醒他,不要走来走去,他还理直气壮地说:"我在做跟学习有关的事!"如果你是班长,你接下来怎么做?

小结:公共秩序是维护人们共同利益的,对每个人都是一种约束,要求人们自觉遵守。公共秩序的内容和范围很广泛,就中学生而言,我们仅仅列举与中学生现在最为相关的一些规则和秩序。希望大家通过这些文字,能够发现和遵守我们身边的规则和秩序,做文明的中学生。

五、遵守秩序,人人有责

诵读《论语》相关片段:

文质彬彬,然后君子。

礼之用,和为贵。

子不语怪力乱神。

曾子曰:士不可以不弘毅,任重而道远。仁以为己任,不亦重乎,死而后已,不亦远乎!

子曰:非礼勿视,非礼勿听,非礼勿言,非礼勿动。

单元二

学业规划指导

　　高中生对自己的三年学业进行规划，做出个人所应该和可能做出的最佳选择，从而找到自己通向成功和幸福的必由之路。加强学业规划指导，引导学生了解高中学业、大学专业及工作就业之间的关系，增强学习动机。引导学生对学业与能力水平做出评估，合理分析自身特点，对升学或就业做出合理抉择，制定相应学习计划，改善学习方法，提高学习效率与学习能力；帮助学生了解升学或就业所应具备的条件，明确相关的手续、步骤及细节。主要包括：学习动力、学业与能力评估、学习计划、升学准备。

高中了,你会做作业吗?

上海市朱家角中学　蒋　磊

【背景分析】

高一新生带着中考成功的喜悦,带着对高中学习生活的美好憧憬,走进了高中学校的大门。可是,很多高一新生在这个被人称为"更学期"的高中起始年级产生了很多不适应。主要有因陌生的人际关系带来的不适应、因角色转换带来的不适应和因学业压力带来的不适应。

基于这样的现状,为了帮助高一新生尽快适应高中的学习环境,我校举行了"养成良好的习惯"为主题的一系列入学教育活动。我针对本班的具体情况,开学至今,先后召开了"新的学期、新的起点""九班,我们的新家园""高中学法指导"等系列主题班会。总体而言,效果较好。但发现同学们的自主学习意识不足,主要表现在不会自主完成作业,关于"高中生该如何做作业"我和任课老师在开学初都进行过相关的辅导,但同学们由于当时内需不足,未能引起足够的重视。经过两个月的"碰壁"及期中考试的检验,有些同学心中充满了苦恼和困惑——为什么我学得又苦又累,每天做作业到很晚,甚至有时早上4点多起来写作业,但成绩却不理想?为什么我平时做作业都会做,一到考试总想不出来……此时,再次进行做作业方法指导就很有必要了。本次主题教育课旨在引导学生分析作业中存在的不足,不断修正自己的做法,提高自主学习能力。

【教学目标】

1. 认知目标

知道学生做作业是一种责任,明白"学会做作业"才能全面掌握知识。

2. 情感目标

通过调查分析、谈论,引导学生感到不规范做作业带来的不良后果,激发学生认真做作业的责任感,培养自主学习的能力。

3. 行动目标

向身边的榜样学习,不断修正自己的做作业习惯,独立完成作业,提高学习效率,学会自我评价。

【教学准备】

(1) 家校沟通,了解学生周末在家做作业的情况。
(2) 召开班委会,师生共同研究班会课方案。
(3) 组织同学做《高一(9)班做作业现状调查问卷》,班委成员统计结果。
(4) 师生共同制作PPT及作业情况自我评价表。
(5) 邀请家长代表、分管领导、任课老师代表参加。

【教学过程】

一、导入

通过小品《作业,想说爱你不容易》,呈现我班同学在做作业过程中存在的典型现象,引出本课主题——高中了,你会做作业吗?

提问:学生为什么要做作业?

学生交流:(摘录)

有的学生说,巩固知识方面是有绝对益处的。

有的学生说,写作业可以复习学过的内容,加深理解,在练习中真正掌握知识。

有的学生说,觉得作业重复的东西太多,所以,边想着边做作业,边玩手机。

小结:作业的完成是学习过程中重要的一环,作业既是反馈、调控教学过程的实践活动,也是在教师的指导下,由学生独立运用和亲自体验知识、技能的教育过程。通过作业教学，使学生巩固、内化学得的知识技能，充分发挥师生双方的主观能动性，自然产生新的学习欲望。总之，写作业不仅是不断反复的练习和训练，更是人类掌握知识和技能的有效方式。

既然知道了写作业有那么多重要性，那么，我们的作业情况如何呢？下面，我们班干部介绍《高一（9）班做作业现状调查问卷》报告。

二、调查汇报，直面现状

学生：班委成员用PPT向同学展示依据《高一（9）班做作业现状调查问卷》统计结果所归纳的4种普遍的作业习惯："埋头苦干"型、"拷贝不走样"型、"不拘小节"型、"悠然自得"型。

小结：通过班干部的介绍，我想，大家应该大体知道自己是属于哪一类的。那么，这些现状会产生什么结果呢？下面，我们逐一分析。

三、分类探讨，分析利弊

1．"埋头苦干"型

提问：有些同学喜欢边做作业边翻笔记，往往作业做得很晚，学得很辛苦，考试却考不好，你觉得这种习惯的利弊何在呢？

学生讨论并交流：

（略）

小结：通过刚才的讨论，我们应该明白边翻笔记边做作业的习惯虽然能帮助我们交上一份令老师满意的作业，但从长远来看，却不能帮我们交上一份令自己满意的答卷。俗话说："磨刀不误砍柴功"，我们应该体会到要提高学习的效率，就应养成先认真复习课堂笔记再做作业的习惯。

2．"拷贝不走样"型

提问：我们有些同学从小学高年级开始就有抄作业的习惯，那么大家为什么要抄作业呢？你会愿意和一个经常抄作业的人称为朋友吗？为什么？

学生讨论交流：

（略）

小结：希望同学们在今后做作业的过程中改掉抄作业的习惯，因为这不仅不利于你的学习，也会使你的诚信大打折扣，从而损伤你在同学和老师心中的形象。

提问：由于网络科技的迅猛发展，我们学习也和网络有了千丝万缕的关系，有些同学会寻求网络帮助完成作业，那么你认为这算不算是一种抄袭呢？

学生微辩论：

（略）

小结：当你抄袭作业时，你就失去了诚信。失去了诚信，就意味着失去了你所拥有的一切。荣誉、才学、朋友都将成为水中月，镜中花，如过眼云烟，随风飘散，为了你的诚信，请和抄袭说再见。网络学习作为一种新型的学习方式已逐渐在我们的生活中普及开来了，作为高中生，在做作业的过程中一定要权衡利弊，正确使用网络资源。

3."不拘小节"型

故事欣赏：请一位同学结合PPT朗读《上海地铁二号线和一号线的差距》一文。

提问：有的同学平时作业做得很快，但准确率低；或者考试时觉得题目很简单，但由于答题不规范，不注重细节导致扣分，听完这篇文章，我想同学们对"细节决定成败"这句话一定有了更深的体会，请大家结合自己平时的作业或考试谈谈你对这句话的看法。

学生讨论交流：

（略）

小结：我们常常会为没有重视某细节而付出惨重的代价，我们也常常因为重视细节而成功。生活中的我们不能漠视细节，可以说生活因为有了细节，才充满了惊喜。做作业过程中我们同样不能忽略细节，可以说，作业因为有了细节，才有了质量。

4."悠然自得"型

提问:有的同学在自修课上写作业时喜欢一边写作业一边聊天,在家做作业的时候喜欢一边听音乐、聊QQ,一边做作业,或借各种理由进出书房,你觉得这些做法的弊端在哪里?

学生讨论交流:

(略)

小结:生活中,我们经常要在这样那样的干扰或诱惑下学习或做事,但是只要我们能抵抗干扰,专心致志,就能提高效率,通往成功之路的大门定会向你打开。

通过以上的探讨,相信同学们已经明白了这4种做作业的习惯所带来的后果。

四、榜样示范,修正做法

(1)学生经验交流。

(2)优秀作业本展示。

(3)优秀毕业生传授经验。(学校《学生学习规范》中要求学生使用错题本对平时作业、考试中的错题做整理、分析,但同学对这项工作重视程度不够,本环节通过优秀毕业生的经验介绍,让学生习得每天整理错题并及时复习这一方法。)

(4)任课教师学法指导。

五、尝试评价,促进发展

作业是老生常谈的问题。我们在高一期中考试后再次深入地讨论这个问题,显得尤为必要。通过同学们的讨论、辩论,以及教师和我们优秀毕业生的经验介绍,我想我们同学对在高中阶段如何做作业一定有了新的认识。此时,每位同学内心一定有一种冲动——从今天开始要按规则做作业,切实提高自己的学习效率。那么,为了帮助大家养成良好的做作业习惯,我建议大家使用《作业情况自我评价表》对每天的作业情况做自我评价,掌握自己每天的作业情况。

作业情况自我评价表

做作业啰!
日期:　　年　　月　　日

学　科	复习笔记	独立思考	注重细节	专心致志	整理错题
语　文					
数　学					
英　语					
物　理					
化　学					
生　物					
政　治					
历　史					
地　理					
计算机					

【教学反思】

一堂课下来,有基于学生现状的问卷调查,有学生参与排演的小品,有文章《上海地铁二号线和一号线的差距》的发人深省,有对各种作业习惯思考后的讨论交流等,在多种教育形式中,学生思考并明确了4种不良的做作业习惯。联系自己,对自己的作业习惯有了更深入的认识和理解,知道了在高中阶段应怎样更有效地做作业,并在学会用《作业情况自我评价表》进行作业习惯的强化养成。如此,培养了学生自主学习的意识,最终让学生体会到高效学习带来的快乐。

如何有效管理自己的时间

上海市朱家角中学　潘玉珍

【背景分析】

学习是高中生的主要任务,随着高中阶段课程数量的增加和难度的增加,许多学生开始困惑于时间的不够用,以至长期陷入"今天的事情来不及完成,拖到明天再来完成"的恶性循环之中。究其原因,学生不重视单位时间的利用效率,并且在完成学习任务时不注重计划性和持续性。我们的学生从小学开始就已经认识到时间是十分重要的,高中阶段的学生真正缺乏的不是对时间价值的认识,缺乏的是如何高效地利用管理时间的方法。中学生的时间管理倾向水平较高,但管理的自觉性和计划性不够,没有养成良好的时间管理习惯,时间管理的实际操作能力欠缺,缺乏较强的自我时间管理自律能力。

【教学目标】

1. 认知目标

帮助学生更好地分析自己的时间利用情况,体验时间的流逝性,认识到时间在学习和生活中的重要性。

2. 情感目标

培养学生合理安排时间的信心,形成积极、勤劳的良好个性特点。

3. 行为目标

学会制定时间管理表和科学分配学习时间,提高学生对时间掌控的技能,学会将科学利用时间的方法应用到学习生活中,提高学习和生活的效率。

【教学过程】

一、视频欣赏，引出主题

许多作业要做，许多知识已忘，许多书本与笔记，开了又合合了又开，如此的慌张。我来来往往，我匆匆忙忙。从宿舍到教室，又从教室到食堂。忙忙忙，盲盲盲。忙得已经没有主张，忙得已经失去方向，忙得分不清欢喜和忧伤，忙得没有时间痛哭一场。

"忙忙忙"，时间一点都不眷顾我们，让我们始终追着它跑，太吃力了，所以，今天啊，我们将一起去尝试怎样把"时间"打败，我们要学会有效管理自己的时间，做时间的主人。

二、深入学习，认识时间的必要性

1. 观看视频《习近平谈时间去哪儿了》
2. 师生交流

小结：时间的基本特征：① 慷慨公正，每人每天 24 小时；② 不会停留，无法让时间停止，进行储存；③ 不可挽留，一旦流逝，无从追回。

三、活动体验，感悟时间管理方法

活动 1：千手观音——计划事情的先后

情境展现：明明是班级的班长，又是校学生会文艺部的干部，还是春晖文学社的骨干，平时总是需要面对许多的学习与工作任务。那是一个周二的早晨，明明刚走进学校校门，几个班干部就一起来找明明，他们对明明说："今天午饭后 12:15，我们一起商量下运动会的进场仪式以及班级的班服等事宜。"可刚踏进班级之后又看到教室黑板上写着"今天中午 12:20—13:05 学校进行'古诗文大赛'"。他这才想起自己是班里推荐的 10 位参赛选手之一。这时，门外突然一个学生会的干部找上来说："明明，团委王老师让你今天中午 12:30 召集高一年级全体文艺委员开会，商量学校艺术节的事情。"刚坐到位子上，春晖文学社的社长跑进来对他说,"今天中午12:35我们文学社成员碰个头,商量一下周六外出采访的事,你可有主要采访写作任务啊"。社长刚走,数学老师走进教室,对同学们说:"今天中午我们12:25集中一下,讲一下上节课的作业,错的很多,只有明明等几个同学做的不错。"

明明一听,顿时觉得,今天怎么这么多事情都凑到一起了啊,于是……

1. 信息提炼

周二中午要做的事情:

12:15 在班级商量运动会的事宜。

12:20—13:05 作为班级10位推荐选手之一参加学校古诗文大赛。

12:25 数学作业讲评,自己做得不错。

12:30 召集高一年级文艺委员开会,商量学校艺术节的事情。

12:35 文学社商量周六外出采访事情,有主要采访写作任务。

2. 提出问题

A. 如果你是明明,那天中午你将选择去做哪件事情呢?为什么?

B. 根据学生回答,追问:那么其他的事情怎么办呢?有什么办法可以把5件事情中的内容都安排好吗?

3. 学生发言,教师引导

(板书)　　　　你选择的事情　　　　理由

小结:

(1) 重要且紧急的事情——我必须要做,且不能耽误的事情。

(2) 紧急但不重要的事情——可以让别人帮助做,但不能耽误的事情。

(3) 重要但不紧急的事情——我必须要做,但有充足时间的事情。

(4) 不重要不紧急的事情——可做可不做的事情。

(5)可以放弃的事情——重复、价值不大的事情。

用计划管理时间——我们的原则是：首先考虑做好重要紧急的事情，其次安排好紧急但不重要的事情，再次做好重要但不紧急的事情，放弃重复、价值不大的事情，最后考虑不重要、不紧急的事情。

活动2：争分夺秒——重视事件的目标

情境延续：同学们静下心来仔细想一想，按照自己心目中的重要性在时间管理表1中为这5件事情排排序，分别用数字1~5，1代表最重要的，5代表最不重要的。

_____月_____日时间管理表1

时间段	计划内容	重要性排序	要做的事情	希望完成的时间和达到的效果
中午休息时间(12:00—13:15)	商量运动会事宜	5	告诉其他班干部明天中午再一起商量	
	学校古诗文大赛	1	参加学校古诗文大赛(12:20—13:10)	
	听数学作业讲评(已掌握)	4	向数学老师请假	
	召集文艺委员开会(委托他人)	2	寻找协助开会的人，并告知其会议内容与要求(学校艺术节)	
	文学社讨论；外出采访事情(周六)	3	与文学社社长商量另定讨论时间(周六)	

排序好后，新的问题又产生了，为了按照计划有序的完成这些任务，明明必须在中午的时间段中去做好这些事情，那么，他又将如何去安排呢？请同学们为这些事情定个完成的期限吧！记住，时间只有1小时5分钟哦。

1. 学生填写,教师巡视指导
2. 学生发言、感受,教师引导

小结:用目标管理时间——我们的原则是:在我们确定了事情的轻重缓急之后,需要对所做的事情确立目标,即完成任务的时间限制和完成的质量,盲目的做只会花费更多的时间,甚至一无所获。

(1)目标需要具体化——比如,在40分钟之内,我要完成物理作业,并力求正确。

(2)目标需要切合实际——在自己的能力范围之内,任务量与时间量相匹配。

(3)目标需要落实到行动中——用自身的行动不断达到目标。

四、合理安排,提高管理时间效率

提问:时间是永远不会等人的,在我们一起呐喊着超越它的时候,它依然不紧不慢的走着,让我们再一起来审视一下自己,此刻我管理好时间了吗?

自我审视:

(1)管理时间就是要合理安排时间,提高单位时间的利用率,有所收获。

(2)用"计划"管理:抓住重点事情。

(3)用"目标"管理:设立明确目标。

(4)我收获了吗?

1. 请同学根据实际情况应用时间管理表2。

_____月_____日时间管理表2

时 间 段	计划内容	重要性排序	预期完成时间	实际完成情况
6:10—6:45				

续　表

时 间 段	计 划 内 容	重要性排序	预期完成时间	实际完成情况
12:00—13:05				
16:35—17:40				
17:40—18:00				
18:00—19:20				
19:20—21:00				

2. 请同学展示自己的管理表

小结：我们要把时间管理表落实并坚持下去，慢慢学会管理时间。送给大家一段话：其实我们已经在进步，可能一时见不到收获，但只要我们坚持，一点一滴地进步，最好的微笑一定属于我们。相信同学们永远会是时间的主人！（播放歌曲《时间都去哪了》）

我读书,我快乐,我智慧

上海市朱家角中学　汶美娟

【背景分析】

在新课程要求背景下,主题教育课以及班会课的改革重点是:强调发挥学生主体性地位,突出创新精神与实践能力的培养;另外,课程标准也明确要求培养学生的阅读习惯,提升学生文化积淀。而我们朱家角中学,本身就是一个"书香校园"。早在1985年,第一个学生社团——春晖文学社就诞生了。为了促进"书香校园"建设,营造浓厚的读书氛围,2010年9月21日,"让读书成为我们的习惯"——朱家角中学2010年读书节开幕式隆重举行。读书,是师生生活的一个永恒主题,学校通过开展丰富多彩的读书活动,培养了一代又一代的"朱中人"养成读好书、好读书的学习习惯。

作为班主任,应该将组织学生读书活动当作班集体建设的重要抓手,用好书构筑学生的"精神家园"。基于这个理念,我以"我读书,我智慧,我快乐"为教育主题,进行了一次主题教育课实践探索。这里结合这节公开课的设计与实施过程,谈谈自己的体会。

【教学目标】

1. 认知目标

通过名人读书故事讲演,让学生感受到读书的重要意义,读书在细微之处,同时读好书能带给我们很多,使学生更好地树立正确的读书观。

2. 情感目标

通过问卷调查、小品等形式培养学生理性看待问题、分析问题的能力,激发学生爱读书的情感。

3. 行为目标

引导学生从身边事、眼前事、平凡事做起,养成好读书、读好书的良好习惯,使学生懂得正确的读书方法,以使读书成为每个人的自觉行动。

【预设问题】

(1) 你对课外读物的态度是怎样的?
(2) 你看课外读物的主要目的是什么?
(3) 你喜欢看什么课外读物?
(4) 你读书主要是通过哪些途径?

【教学准备】

(1) 组织学生搜集关于读书的故事和相关的名人名言。
(2) 组织学生开展问卷调查,并形成报告。
(3) 指导学生朗诵诗歌、排练小品等。
(4) 学生 DV 创作。
(5) 多媒体课件制作。

【教学过程】

一、导入

1. 用谜语引出主题
- 级级阶梯直顶点,此间知识待人开(打一字)。
- 一人身子直,右长两个驼,头上一只眼,孔子家里多(打一字)。

2. 预设引导

学生:是"书"字。

教师:对,大家猜得准确,就是"书"字,书籍的"书"。戏剧大师莎士比亚说过:"书籍是全世界的营养品,生活里没有书籍,就好像没有阳光;智慧里没有书籍,就好像鸟儿没有翅膀。"同学们,今天我们这堂课将围绕"读书的重要性""读书面面观""读书方法",进行交流、探讨,主题就是"我读书,我快乐,我智慧"!

二、感知读书的重要性

教师:读书是一个很宽泛的概念,包括上学、学习功课、浏览书籍等,今天讲的读书,是指阅读书报等印刷的文本。在课前,我班同学已经做了充分的准备,他们查阅了很多关于读书的故事,下面请沈兰兰同学先向大家汇报她找到的资料。

1. 名人故事讲演(4 人)
- 万斯同闭关读书。(沈兰兰)
- 鲁迅吃辣椒驱寒读书。(李铭杰)
- 张广厚"吃"书。(顾诗怡)
- 高尔基救书。(刘宇斯)

2. 说说读书的重要性(小组代表)

教师:非常感谢这几位同学与我们一起分享古今中外的名人读书故事,也相信同学们都被这些名人惜书、爱书、忘我读书学习的精神所打动。在听了名人读书的经典故事之后,我们能否结合自己积累的读书名言,说一说读书的重要性。

(各组代表交流)

教师:很好,很深刻,"读万卷书,行万里路",我们只要多读书、多实践,就一定会成为对社会有用的人。

三、读书面面观

1. 学生读书现状调查

教师:古希腊哲学家亚里士多德曾说,优秀是一种习惯。读书是一种优秀的行为,那么读书应该成为一种习惯。但是在现实生活中,我们的读书习惯到底怎样?课前,有同学做过调查,请张蓉、刘钟叶同学给大家介绍他们的调查报告。

学生:同学们,大家好。我们以高一、高二同学为调查对象,以"朱家角中学学生的阅读习惯和阅读兴趣"为主题,开展了问卷调查。

下面根据统计分析的结果,向大家做个简要汇报……

2. 表演小品

教师:谢谢这两位同学的分析,这份报告真实地反映了我校学生的阅读现状。下面,我们一起欣赏唐歆垚、晋天昊同学的小品《课间一景》。

3. 考考大家

教师:同学们乍看此联,上下一样,何以成对?其实,认真思考,便知奇妙。下来大家就一起来小组讨论一下这副对联的读音以及它的含义。

上联两个"好"的读音是:hǎo　　hào
　　　　　　　　　　　　好读书,不好读书。

下联两个"好"的读音是:hào　　hǎo
　　　　　　　　　　　　好读书,不好读书。

(小品中的 A 同学乱读对联,B 同学努力纠正,但不敢确定。C 同学:好了,好了,你们两个别争了,我们还是一起看看明代文学家徐渭是怎么读这副对联的。)

教师:我们一起来仔细看看(镜头转向大屏幕),乍看此联,上下一样,何以成对?但只要认真思考,便知它的奇妙,现在大家分小组讨论这副对联的读音以及它的含义。

(小组讨论)

教师:请唐歆垚同学来解读。

B 同学:上联是说一个人年少的时候,耳聪目明,精力充沛,时光大好,此时为好(hǎo)读书也;可惜有人不知读书的重要性,只顾玩耍,这叫不好(hào)读书。下联是说,年老时方知读书重要,而好(hào)读书,却因耳聋眼花,力不从心,不能好好读书。这个"好"字,有两个读音,两重意思,一字交错相对,耐人寻味,这就是那副对联的奇妙所在。

教师:唐歆垚同学说得真是太好了!这副对联告诫正处于读书黄金期的年轻人,读书是多么重要,我们应该珍惜这个读书的宝贵时期,多读多看,在读书过程中收获智慧、体验快乐。

四、读书方法与技巧

1. 播放自制视频

教师:"最是书香能致远,读书之乐乐无穷!"我们学校应该是一个"书香校园",现在让我们一起走进这个"书香校园"。

· 书香校园,书香浓郁(各教学楼题名的寓意)。

· 读书景象(校园内、教室里、阅览室等场所的一张张学生在阅读时的照片)。

· 春晖文学社——文学爱好者向往的地方。

2. 同学推荐好书并小组讨论

教师:正如录像片中几位同学所言,我们都深刻地认识到读书的好处。现在正值校园读书节活动开展之际,我想了解一下:① 同学们都读了哪些书(请五六名学生推荐自己心目中的好书);② 曾经读过四大名著的同学有哪些;③ 你有什么好的读书方法。让我们以小组为单位讨论这 3 个问题。

(学生分小组讨论、交流)

3. 语文老师介绍读书方法

教师:同学们,关于读书,读什么书当然很重要,而读书方法也要讲究。今天,我们请教我班的语文老师介绍她的读书方法,并向大家推荐有关书目。

(曹老师介绍)

教师:谢谢曹老师的指导,从她的介绍中我们可以感悟到,读书方法因人而异,关键在于要多读、多想、多借鉴、多总结,这样才能真正达到读书的目的。下面让我们一起欣赏诗朗诵《书》。

五、总结

"书是阳光,书是雨露,书是知识的源泉",它会给我们带来无穷的乐趣。通过这堂主题教育课,我们要积极投入学校开展的读书节活动。希望每一位同学都能和好书交朋友,在书海中收获智慧、体验快乐。但是,我们要看到,因为课业负担较重,高中学生的课外阅读时间偏少。所以,我希望大家能根据自己的实际情况,有选择地阅读。在此,我希望每人都能做到四个"一",即备好一本书、读好一本书、做好一件事、捐出一本书。最后,让我们共同高呼我们的行动口号——我读书,我快乐,我智慧!

宝剑锋从磨砺出,梅花香自苦寒来

上海市朱家角中学　王　建

【背景分析】

《中小学德育工作指南》指出,要进行心理健康教育,引导学生增强调控心理、自主自助、应对挫折、适应环境的能力,培养学生健全的人格、积极的心态和良好的个性心理品质;要以鲜明正确的价值导向引导学生,以积极向上的力量激励学生,促进学生形成良好的思想品德和行为习惯。《中国学生发展核心素养》要求,学生要有科学精神,能不畏困难,有坚持不懈的探索精神;学生要形成健全人格,具有积极的心理品质,自信自爱,坚韧乐观,有自制力,能调节和管理自己的情绪,具有抗挫折能力;学生能进行自我管理,具有达成目标的持续行动力。

高二作为高中阶段承上启下的一年,其重要性不言而喻。高一是基础,高三是冲刺,而高二则是关键。但反观学生的学习和生活实际,则出现了明显的分化:有的学生依然目标明确,刻苦努力;但有的学生害怕困难,得过且过,不思进取,作业拖沓,偶尔考试失利便一蹶不振,抗挫折能力差,总认为升学和就业离自己还很遥远,懒散懈怠,等等。这集中反映了一部分学生意志品质薄弱的问题,显然这对他们的升学和就业、成长和发展是极为不利的。针对这一严峻的现实状况,我决定执教一次"培养学生坚韧的意志品质"的主题教育课,从而帮助学生意识到坚强的意志品质在他们的学习和生活中所扮演的重要角色,引导学生觉察到自身存在的意志薄弱问题的环节和表现,并提出切实有效的解决办法,逐渐培养坚强的意志品质,满足学生核心素养的发展需求,为接下来的高三冲刺和未来的人生道路奠定坚实的品格基础。

【教学目标】

1. 认知目标

学生能够准确理解意志品质的基本内涵。

2. 情感目标

学生能够深刻理解坚强的意志品质会对他们的学习和生活产生巨大的积极影响。

3. 行为目标

学生能够切实掌握若干培养意志品质的行之有效的方法和策略。

【教学过程】

一、探讨两事例,引出主题

1. 播放视频,呈现漫画

首先播放中国女排里约奥运会夺冠的视频,然后再呈现一则漫画(见下图),内容是,某年大旱,有农户打井,每次打到 9 米深还不出水就换个地方再打,结果打了三四处都是没有见水。最后,一家老小的存水用光,渴死了。而不知,当地的潜水就在 10 米处,如果再坚持打深 1 米,就可以见到水了。

请学生分组讨论并回答:

(1) 中国女排最终能夺冠的原因是什么?

(2) 故事中的人物打井失败的原因是什么?

小结：以上两个案例从正反两方面说明了意志顽强、不怕困难、坚持不懈的重要性。而这与案例中团结奋斗、顽强拼搏、为国争光的女排精神是相契合的。国家队主教练郎平说：女排精神不是赢得世界冠军才有的，而是一直都在。一路上虽然走得摇摇晃晃，跌倒了站起来，抖抖身上的尘土，眼神依然坚定。自1981年中国女排首次夺得世界杯冠军，37年来中国女排有辉煌，也有低谷。但无论是顺境还是逆境，女排精神从来不曾丢掉，正是有了这种精神，才有了持续前行的动能，不忘初心，继续前进。我们要学习女排精神，在每个人的岗位上奉献自己的青春和力量。

2. 解读意志品质的内涵

意志是有意识地确立目的、调节和支配行动，并通过克服困难和挫折，实现预定目标的心理过程。受意志支配的行动叫意志行动。意志品质是指构成人意志的诸因素的总和，具有自觉性、果断性、自制性和坚持性4个特征。

二、校园微镜头，反省自己

1. 情景剧表演："差不多"先生的一天

学生A聪明活泼，但意志品质不过关，碰到困难容易畏缩放弃。

(1) 课上走神甚至打瞌睡。

(2) 嫌数学作业难，建立了抄作业QQ群。

(3) 嫌外语作业难，上网直接百度答案。

(4) 做好英语单词的小抄，方便第二天随堂默写作弊。

(5) 在家沉迷网络游戏，并开始尝试写网络小说。

(6) 努力和课代表搞好关系，以达到作业没写不让老师知道的目的。

(7) 中午英语单词重默，谎称默写纸找不到了。

(8) 有早恋倾向，和某女同学约定老地方见面。

请学生讨论并回答：

(1) 同学A有哪些做得不好或不对的地方？

(2) 他这样做的原因是什么？

（3）他这样做会产生怎样的不良后果？

小结：同学A意志品质薄弱的点大家抓得都很准，后果也分析得很到位。刚才的表演过程中大家发出了阵阵笑声，但我想请大家反思一下：你有没有与同学A相同或相似的问题？同学A是不是像鲁迅先生笔下的阿Q一样，折射了相当一部分同学的影子？剖析同学A其实就是在剖析你自己。请大家进行对照检查，有则改之，无则加勉。从我们日常的学习和生活细节入手，向意志薄弱的点宣战，逐渐使之由弱变强。

2. "测试意志品质"现场问卷

"测试意志品质"现场问卷如下，选A得3分，选B得2分，选C得1分，选D得0分。

意志品质调查问卷

1. 每天按时起床。
　　A. 经常　　　B. 一般　　　C. 偶尔　　　D. 从不
2. 每天上学不迟到，不早退。
　　A. 经常　　　B. 一般　　　C. 偶尔　　　D. 从不
3. 课上专注听讲，不走神。
　　A. 经常　　　B. 一般　　　C. 偶尔　　　D. 从不
4. 课上积极思考和回答问题。
　　A. 经常　　　B. 一般　　　C. 偶尔　　　D. 从不
5. 课上认真做笔记。
　　A. 经常　　　B. 一般　　　C. 偶尔　　　D. 从不
6. 课下及时复习。
　　A. 经常　　　B. 一般　　　C. 偶尔　　　D. 从不
7. 独立认真完成作业，不抄袭。
　　A. 经常　　　B. 一般　　　C. 偶尔　　　D. 从不
8. 有不会的问题及时请教老师或同学。
　　A. 经常　　　B. 一般　　　C. 偶尔　　　D. 从不

总分：_____

小结:如果你的得分≥20分,表明你具有比较坚韧的意志品质,希望你能继续保持和发扬下去;如果得分为10~20分,表明你的意志品质一般,需要有针对性地进行锻炼和强化;如果得分≤10分,表明你的意志品质比较薄弱,需要为自己制定详细的锻炼计划,每天有意识地完成相应的任务,逐步培养意志品质。

3. 意志品质与学业的关系

请同学们比较某校上学期期末考试前后50名学生的问卷调查数据统计表。

某校前50名数据统计表

分 数 段	人 数	百分比
≥20分	41人	82%
>10分,<20分	9人	18%
<10分	0人	0%

某校后50名数据统计表

分 数 段	人 数	百分比
≥20分	3人	6%
>10分,<20分	19人	38%
<10分	28人	56%

请学生讨论并回答:

(1)你从表中能得出怎样的结论?

(2)这背后的原因是什么?

小结:从第一个表格可以看出:学习成绩名列前茅的学生,该调查问卷的高分段比例是很高的,也就是说他们普遍具有比较坚强的意志品质。而成绩较弱的学生情况则恰恰相反。这说明:意志品质是影响学习成绩的重要因素。我们要注意培养自己坚韧的意志品质,为自己学习成绩的提高和未来生活的发展奠定良好的品格基础。

三、联系自身,铸就品质

1. 介绍培养意志品质的方法

体育锻炼：每天坚持锻炼身体,比如坚持跑步3千米,坚持一个月之后,变成一个习惯。

自我强迫：每天坚持做至少一件自己不情愿做的事情。比如平常讨厌洗碗或者洗衣服,那就强迫自己吃完饭就马上洗碗,洗完澡马上洗衣服。

坚持早起：每天坚持早起,醒来之后不超过3分钟马上起床。拖延是意志品质的最大杀手。

坚持阅读：每天坚持阅读至少半小时以上,养成阅读的好习惯。坚持阅读对意志品质的培养作用巨大。

写日记：每天坚持写日记或者写文章,养成勤动笔的好习惯。坚持写的过程让你锻炼了思维,也强化了自己的意志品质。

坚持记账：每天坚持记账。记账是比较琐碎的事情,坚持把琐碎的事情做好,是锻炼意志品质的绝佳途径。

小结：在我看来,要想取得成功一般要经历4个阶段：① 照镜子,先审视一下自己在德智体等方面存在哪些缺点或不足；② 竖靶子,制定克服缺点,弥补不足的目标和计划；③ 抽鞭子,这一步至关重要,在明确了方向和计划的基础之上,要雷打不动地进行贯彻和落实,"既然选择了前方,就要风雨兼程",而在这个过程中,你的意志品质不知不觉就得到了锻炼和强化；④ 吃果子,品尝胜利的果实,分享成功的喜悦。无论是在学习还是生活中,无论是实现近期小目标还是远大的人生理想,只有遵循以上4步,才能取得令人欣喜的成就。

2. 警局格言激励

请若干学生介绍自己喜欢的有关意志品质的诗词歌赋或名言警句,解析蕴含的道理,谈谈喜欢的原因,并结合自身的学习或生活谈谈该怎样做。

锲而舍之,朽木不折。锲而不舍,金石可镂。

千磨万击还坚劲,任尔东西南北风。

不积跬步,无以至千里。不积小流,无以成江海。
只要功夫深,铁杵磨成针。
业精于勤而荒于嬉。
天将降大任于斯人也,必先劳其心志,苦其筋骨。

四、总结

刚刚这么多同学分享了自己的座右铭,发人深省,振奋人心。但要注意:不能仅仅停留在口头上,而要转化为实际行动。"纸上得来终觉浅,绝知此事要躬行。""临渊羡鱼,不如退而结网""空谈误国,实干兴邦""撸起袖子加油干",以上种种都强调了躬身实践的重要性。所以我们要从身边的小事做起,从一点一滴做起,逐步培养自己坚强的意志品质,"宝剑锋从磨砺出,梅花香自苦寒来"。

五、后续拓展

请同学们以周记的形式写下,自己曾经遇到什么烦恼或困惑,又是如何克服的小故事,在以后的班会上进行交流分享。

我有一把金钥匙
——自主学习

上海市朱家角中学　金　刚

【背景分析】

自主学习是与传统的接受学习相对应的一种现代化学习方式。顾名思义,自主学习是以学生作为学习的主体,通过学生独立地分析、探索、实践、质疑、创造等方法来实现学习目标。《基础教育课程改革纲要（试行）》在论及基础教育课程改革的具体目标时指出:"改变课程实施过于强调接受学习、死记硬背、机械的现状,倡导学生主动参与、乐于探究、勤于动手,培养学生搜集和处理信息的能力、获取新知识的能力、分析和解决问题的能力以及交流与合作的能力。"传统的教学强调的是接受式的、被动式的学习方式,21世纪的我们提倡自主学习,根据《基础教育课程改革纲要（试行）》的精神,可以这样理解,我们只是要改变过去的那种"过于强调接受学习"的倾向,而不是完全否定接受式的学习方式,但要倡导学生学会自主学习的方式。

【教学目标】

1. 认知目标

知道什么是自主学习。

2. 情感目标

通过典型实例的分析,体会自主学习的重要性。

3. 行为目标

介绍自主学习的相关方法,通过学生自身的锻炼逐步提高自主学习的能力。

【教学准备】

1. 学生准备

(1) 查阅自己最近几次大型考试的成绩变化情况。

(2) 请两位学习能力的同学做好介绍自己课外如何学习的发言书面准备：一位介绍晚上学习情况，另一位介绍周末学习情况。

2. 教师准备

(1) 搜集自主学习相关的理论和实例。

(2) 课件准备。

(3) 为每位同学准备一张制作学习计划的纸。

【教学过程】

一、导入

（播放漫画图片）

仔细观察漫画（见下图），分析为什么两位同学的学习体验如此不同？

活动：请两位同学谈观后感

小结：学习同样多的知识，一位非常轻松，另一位非常辛苦。

为什么会出现这么大的差距呢？因为一位同学是自主学习，另一位同学是被动学习。

二、自主学习的含义

自主学习相对于"被动学习"而言，是一种积极主动的学习态度和学习方式，是一种高品质的学习。具体来说包含以下3个方面。

1. "自主"的"主"是"主人"

"学生不想学，谁也教不会"，所以学习的主人是学生。要树立学习"主人"的心态，需要变"要我学习"为"我要学习"。（动机）

如：提前预习，带着问题进入课堂，使自己成为学习的"主人"。

2. "自主"的"主"是"主动"

由于学习是高涨激情的脑力劳动，所以学习应是积极主动的认知活动。要克服"无奈"心态，需要变"受催促与监督的被动学习"为"能按自己意图有利的学习"。（态度）

如：对于不懂的问题，先自己思考，得不出答案，再请教别人。

3. "自主"的"主"是"主见"

学习不仅是模仿，所以学习的结果应该有所创意。要克服"复印"心态，克服"平庸"心态，学习各有强项。（能力）

如：能把物理定律、数学方法跟生活中的实际问题联系起来。

三、自主学习的重要性

分享历史上名人自主学习的故事"头悬梁""锥刺股"。

头悬梁：孙敬是汉朝信都（今冀州市）人。他年少好学，博闻强记，而且嗜书如命，晚上看书学习常常通宵达旦。邻里们都称他为"闭户先生"。

孙敬读书时，随时记笔记，常常一直看到后半夜，时间长了，有时不免打起瞌睡来。一觉醒来，又懊悔不已。有一天，他抬头苦思的时候,目光停留在房梁上,顿时眼睛一亮。随即找来一根绳子,绳子的一头拴在房梁上,下边这头就跟自己的头发拴在一起。这样,每当他累了困了想打瞌睡时,只要头一低,绳子就会猛地拽一下他的头发,一疼就会惊醒而赶走睡意。从这以后,他每天晚上读书时,都用这种办法,发奋苦读。

年复一年地刻苦学习,使孙敬饱读诗书,博学多才,成为一名通晓古今的大学问家,在当时江淮以北颇有名气,常有不远千里的学子,负笈担簦来向他求学解疑、讨论学问。

"锥刺股":战国时期,有一个人叫苏秦,也是出名的政治家。在年轻时,由于学问不深,曾到好多地方做事,都不受重视。回家后,家人对他也很冷淡,瞧不起他。这对他的刺激很大,所以,他决心要发奋读书。他常常读书到深夜,想睡觉时,就拿一把锥子,一打瞌睡,就用锥子往大腿上刺一下。这样,猛然间感到疼痛,使自己醒来,再坚持读书。终于获得了巨大的成就。

小结:可见,自主学习是成功的金钥匙。

四、我们的学习现状

1. 现场考察

提问:教室后面的世界地图从去年挂到今年了。请同学说说陆地上跟中国接壤的国家有哪些?

提问:为什么没有记住?

答案:因为同学的学习依赖于老师,没有积极主动地学习。

2. 典型事例分析

周末,A同学回到家,将各科作业做完,就看电视。母亲让他再预习一下课文,他说老师没有布置预习作业,所以不用做。

B同学回到家,父母还没下班。他按照计划自主完成了以下任务:① 复习本周笔记内容;② 做老师布置的对应练习;③ 定好背诵时间;④ 预习下周的功课,有问题的地方做好标注;⑤ 自己做一些课外的阅读;⑥ 打球2个小时。

C同学回到家,书包扔在地上,打开电脑。周日母亲准备送他返校,发现书包还在地上没有动过。大吵了一架。

提问:3位同学的学习方式有哪些区别?这三种不同的学习方式分别会产生怎样的影响?

(播放3种不同学习方式的学生的成绩统计)

小结:从具体事例中,我们感受到,自主学习能力大小决定着学习的成效高低。

五、努力提高自主学习能力

1. 自省:我的自主学习能力如何?

首先,请同学们先对照以下这些问题自我反省。

(1)我有明确的学习目标吗?

(2)我能根据实际制订科学合理的计划吗?

(3)我能按照计划持之以恒地实施吗?

(4)在学习遇到困难时,能采取恰当的途径寻求帮助吗?

(5)在学习过程中常常需要父母和老师的督促吗?

其次,请两位同学经验交流,其他同学从以上5个方面来评定这两位同学的自主学习能力。

2. 介绍"艾宾浩斯记忆曲线"的含义

展示艾宾浩斯记忆曲线(见下图)。

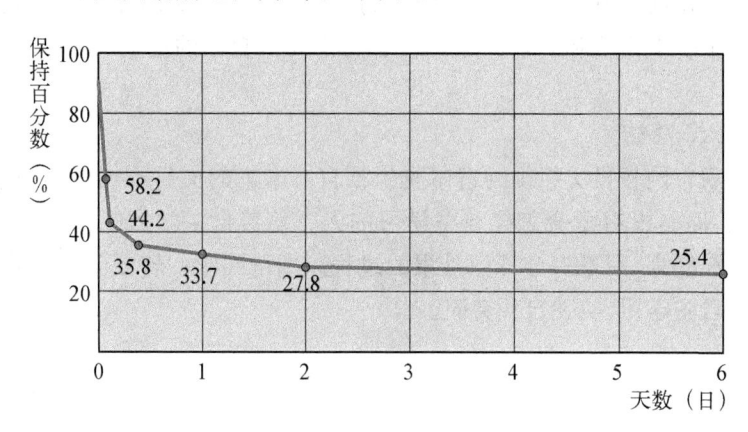

大家谈：这个研究给我们什么启示？

小结：这条曲线告诉人们在学习中的遗忘是有规律的，遗忘的进程不是均衡的，不是固定的一天丢掉几个，转天又丢几个的，而是在记忆的最初阶段遗忘的速度很快，后来就逐渐减慢了，到了相当长的时候后，几乎就不再遗忘了，这就是遗忘的发展规律，即"先快后慢"的原则。观察这条遗忘曲线，你会发现，学得的知识在一天后，如不抓紧复习，就只剩下原来的25%。随着时间的推移，遗忘的速度减慢，遗忘的数量也就减少。

3. 学会自主学习，迈向成功阶梯

通过前面的学习，相信我们同学们都想提高自己的自主学习能力，那么到底怎样才能提高呢？我们可以从以下几个方面入手。

学习活动前：能够确定学习目标、制订学习计划、做好具体的学习准备。

学习活动中：能够对学习进展、学习方法做出自我监控、自我反馈和自我调节。

学习活动后：能够对学习结果进行自我总结、自我评价和自我补救。

自主学习的条件：① 我坚持学，学习有毅力；② 我会学，学习有方法；③ 我能学，学习有信心。

每位同学发一张白纸，请同学们运用今天所学到的知识，分别制订一个晚上作业和周末学习的学习计划，提高自己的自主学习能力。

六、总结

联合国教科文组织的富尔先生预言："未来的文盲不再是不识字的人，而是没有学会怎样自主学习的人。"培养自主学习能力不是一朝一夕的事，而是一个日积月累的过程。期待同学们转变学习方式，学会自主学习，实现自我突破。

自主学习 自信六月

上海市朱家角中学 张 烁

【背景分析】

自信、自律、自主、自立,对于高三学生而言,最主要的是"自主"。高三(10)班同学们的高中生涯已经进入倒计时状态,高考近在咫尺。然而,从作业质量和课堂反应两方面来看,学生"自主学习"能力有待提高。因此,希望借此主题班会,结合高三学生典型事例,引导学生意识到"自主学习"的重要性,让学生明白:从被动接受到主动学习,及时解决学习上的问题,就能让看似遥不可及的梦想成为囊中之物。

【教学目标】

1. 认知目标

引导学生了解什么是"自主学习",并正确认识高三的压力和成绩起伏。

2. 情感目标

结合典型事例,引导学生体会"自主学习"对于高三学习的重要性。

3. 行为目标

学生能够逐渐转变学习态度,从被动接受到主动提问,为高考做好准备。

【教学准备】

1. 学生准备

在纸上写下自己进入高三后学习生活上的困难和自己心目中理想的学校。

2. 教师准备

(1) 收集学生困惑和理想学校。

(2) 整理高三典型事例。

(3) 制作课件。

【教学过程】

一、引入：提问何为"四自"以及进入高三阶段学习上遇到的困惑

贴在墙上的"四自"非常醒目，这"四自"代表了4个不同阶段。作为高三学生，你们到达了哪一阶段呢？你们是否真的将这"四自"刻入脑海？进入高三，你们在学习生活上是否遇到了一些困惑？

1. 背诵墙上的"四自"。

2. 以"抽奖"的形式，随机分享同学们进入高三后遇到的困难。

二、互动故事：小张的高三历险记

小张同学怀着惴惴不安的心情迎来了自己的高三。作为一名理科成绩不理想的学生，她毅然选择了化学作为高考相关学科。月考、期中考、期末考……每次考试考验的不仅是她的知识储备，更是她的抗打击能力。小张的英语从来不用太过担心，反倒是数学和化学，总是像过山车一样，忽上忽下。她志存高远，可是数学和化学成为了实现梦想路上最大的绊脚石。

10月：第一轮复习

小张的成绩单：

	语文	数学	英语	化学
小张	101	99	110	90
班级平均分	98.4	92.1	86.0	73.6

每天晚上6:00到家，7:00开始做作业，不懂的问题问百度……浑浑噩噩地度过第一个月之后，小张发现自己的成绩在班中还算是

中上水平,但是接下来,问题接踵而至……

11月:期中考试

小张的成绩单:

	语 文	数 学	英 语	化 学
小 张	101	110	127	75
班级平均分	95.4	91.5	97.0	80.7

拿到成绩单的小张被自己的成绩吓了一大跳:化学怎么了?上次还在班级均分之上,怎么一下掉这么多?仔细分析了一下试卷,小张发现自己的有机推断和实验题实在是不忍直视,还有一个永远掌握不了的元素守恒定理。明显的短板促使着小张想办法提高。

改变,从时间安排开始。

活动1:时间都去哪儿了?

请同学们为自己画一张时间安排表,从早上起床到晚上就寝,看一看自己有没有把时间都用在刀刃上。

展示小张的时间安排表:

时 间	活 动
6:00	起床
6:30	乘校车
7:10—17:25	学校学习
17:35	乘校车
19:00	做作业
21:30—22:30	复习反思

活动2:问一问自己

(1)回家作业是不是都是"回家"才开始完成?

(2)回家作业中遇到难题,是去问百度还是问老师?

(3) 开学以来,一共去过老师办公室几次?

曾经,小张同学非常不愿意问老师问题,因为她觉得老师都很"高冷",要是有些问题很简单,老师不会愿意回答。哪怕是一道自己苦思冥想半天都没做出来的题目,她宁可去问"无所不知"的百度也不愿意迈开腿去老师办公室问问题。网上搜来的解题思路良莠不齐,小张感觉看不懂时就直接照抄答案。直到这次期中考结束,她才意识到自己的知识漏洞有多大。好在及时醒悟还不晚。

数学和化学是最让小张头疼的两门学科,没有之一。每次拿到数学和化学作业,她都会在奋笔疾书之前快速扫一眼有没有自己不会做的题目,如果不会,自己先思考一下,再带着问题去老师办公室报到。

张开嘴、迈开腿,从第一次的紧张不安,到逐渐"驾轻就熟",带着满满的收获离开老师办公室。

12月:第二轮复习

小张的成绩单:

	语 文	数 学	英 语	化 学
小 张	88.5	120	119	89
班级平均分	89.3	95.4	90.3	91.4

化学相对上次考试有所进步,可是语文成绩却掉了下来。"理科生"的头衔不能作为学不好语文、写不来作文的借口。平日里小张复习语文只是专注于古诗文的背诵,写作素材写来写去就是那么几个,也有些乏了。因此,在复习语文的时候,小张不仅背诵古诗文,更是注重素材的积累。《读者》《新民晚报》还有各类写作素材书,她一个都不放过。每天背诵1篇古诗文、看1~2篇文章,扩大自己的素材储备。

1月:一模考试

小张的成绩单:

	语 文	数 学	英 语	化 学
小 张	113	83.5	126	87
班级平均分	104.8	89.8	103.2	87.1

好像每次考试不挂个一两门,小张同学就会浑身不舒服。一模考试中,数学、化学携手挂科,为即将到来的新年增添了喜庆的气氛。已经进入第二轮复习了,这样下去看来还是不行,还要改变。

活动3:如果你是小张

小组讨论:面对这样惨淡的成绩,你会做出哪些调整?

小张的调整:购买数学、化学辅导书,自己再为自己进行一次"第一轮复习",从高一知识点开始,每天复习一到两章知识点,根据自己的情况,有针对性地对不懂的知识点多加练习。

同时,英语老师为小张同学开启了"小灶":让小张同学开刷大学英语四级题目。

寒假期间,小张同学没有放松神经,语文、数学、英语、化学,一天复习两门功课,配合教辅,为下半年冲刺蓄力。

3月:第三轮复习

小张的成绩单:

	语 文	数 学	英 语	化 学
小 张	93	101	128.5	100
班级平均分	90.1	88.9	104.0	75.8

4月:二模考

小张的成绩单:

	语 文	数 学	英 语	化 学
小 张	95	94	132.5	87
班级平均分	88.1	94.8	101.9	85.6

5月：三模考

小张的成绩单：

	语 文	数 学	英 语	化 学
小 张	112	102	134	100
班级平均分	99.4	95.0	100.1	83.8

高三第二学期，小张的学习生涯可以用"波澜不惊"4个字来形容，还是按照自己的作息表来，把不懂的问题在学校里解决，最大限度为自己争取休息时间，保证充沛的精力。

6月：高考

小张的成绩单：

	语 文	数 学	英 语	化 学
小 张	110	109	124	98

一场大雨过后，小张的高中生涯告一段落，她如愿进入上海师范大学，开启自己的大学生涯。站在学校门口，她如释重负，和每一位老师挥手道别，迎接属于自己的未来。

三、总结：视频总结、学生发表感想

视频：http://v.baidu.com/link?url=dm_00pw_klemzFaU2vO4w7zo2Cc1yuX_dCEHtgd-yB9KwhC-tqPQIQDpRyBe7zL0pubF4li6uYMl24Zprb4tjvKjgr4KSUsHWvOOCuELFXdEoaFuxmQ..&page=videoMultiNeed

可以做一只乌龟，慢慢向前，但绝不能做自以为是的兔子，怠慢学习。给自己一个机会，给自己一份信心，这几级台阶并不是喜马拉雅山，总会翻越过去。还记得王安石的《游褒禅山记》吗？它的主旨

是什么？还记得荀子的《劝学》吗？文章的最后告诉了我们什么道理？光说不练假把式，不要眼高手低，而要脚踏实地。谁说成功的经历不可复制？请相信自己会逆袭成功，抬起头，张开双臂，迎接属于自己的光辉未来吧！

成功高三的几项准备

上海市朱家角中学 初元微

【背景分析】

2015届高三开学已近3个月,在这3个月中,同学们的努力,我看在眼里,欣慰在心里。高三,是学生、家长和老师共同面对的一段重要的人生经历,我希望同学们都能顺利、成功地度过。

两周前,期中考试结束,成绩和春考报名的双重介入使得部分同学的学习情绪开始波动;家长会上,焦急的家长也反映了几个主要问题:① 孩子急而不学;② 孩子学而不得法;③ 孩子与家长或任课教师之间有抵触情绪,进而演变为逃避学习。其实在上一届毕业的学生中曾有过更严重的情况,一位女同学因心理压力过大导致同学关系紧张,进而导致生理症状,出现头痛、胃痛、呕吐等状况。因此学生有必要正确认识高考,为高考做充分的准备。

【教学目标】

1. 认知目标

正确认识高考、接受高考。

2. 情感目标

调整高考复习过程中的心理波动。

3. 行为目标

科学合理地以实际行动面对高考。

【教学过程】

一、走近高考

高考是什么?很多同学可能会说,这还用说,是决定我人生命运的考试啊!

百度百科上面关于"高考"的定义是:高考,普通高等学校招生全国统一考试的简称。是考生选择大学和进入大学的资格标准,是"中国高等教育储干培养计划"最具权威的措施之一,也是"中国高等教育高层次人才培养方案"的主要措施。

上海高考改革后,本科阶段实行"两依据一参考"的招生模式。院校将考生高考成绩作为本科录取时的基本依据,同时参考高中学生综合素质评价信息。考生高考成绩由语文、数学、外语3门统一高考科目成绩和学生自主选择的3门普通高中学业水平等级性考试科目成绩构成。本科招生批次分为提前部分和普通部分。提前部分按录取顺序包括综合评价批次、零志愿批次、本科提前批次、本科艺体类批次(与本科提前批次同时开展招生)、地方农村专项计划批次和特殊类型招生。普通部分指本科普通批次。规定提前部分不设征求志愿。普通部分设两次本科征求志愿:第一次本科征求志愿设置在本科普通批次正常投档录取完毕后进行;第二次本科征求志愿设置在第一次本科征求志愿投档录取完毕后进行。第二次本科征求志愿实行降分录取政策,是否同意降分由院校自主决定。

从中我们看到,高考的功能是选拔人才,是为培养人才做的准备工作。说高考决定人生命运可能有点儿过,但绝不能否认高考的意义。有些同学可能认为,那么多成功人士都没有高考,成功和高考根本没有什么关系,那么,我想和同学们一起分享一篇刊载于《读者》2014年第17期上的文章《别急着把高考埋了》。

二、直面高考

1. 理解高考的意义

请学生甲朗读《别急着把高考埋了》。

正如文中所说:"批判高考太容易了,青春的日子,可怕的考场,谁提起来谁都可以倒出一肚子的苦水,惨烈点的,还有血有离别。"但现实是不能靠批判和唾骂活着的,现实更尊重"存在即合理",高考的存在,是因为它更合理。

我想,对于在座的绝大多数同学来说,高考是你走得更远、获得更多机会的捷径;高考,让你的生活多了不止一种可能,大学将为你的未来打开更多扇门。因此,我认为将高考视为我们的一种宝贵的"人生经历"更合理,在这个人生经历中,我们拥有的不仅是高考,还有很多,请大家看一段视频"104",并同时思考,你在这段视频中都看到了什么?

2. 我们不孤单

片段1:播放视频"104"。

看好视频,我请几位同学谈谈你都看到了什么?

学生A:我从中看到了友情、亲情和师生情。这些事情就发生在我们的周围:老师就像我们的老师一样语重心长,家长就像我们的爸爸妈妈一样恨铁不成钢但又不放弃地操劳,同学就像我们的同学一样,虽然高三了,也还打篮球(笑),在困难的时候能够互相鼓励。

学生B:我看到了很现实的事情,就是如果考不上大学,家长有钱的话可以送孩子出国,但是没钱也没有权利的家长怎么办?只能靠我们自己,其实我们现在努力的每一分都是为自己。

学生C:我看到了巨大压力下的动力,学霸考149还说没考好,但是成绩差的同学也可以努力,只要努力,将来才不会后悔。

学生D:我看到父母对孩子的爱,虽然爸爸妈妈经常逼着我们做这个做那个,但是他们的出发点是好的,我们不能总是觉得他们什么都不懂而乱发脾气。

关于同学友情,大家从视频中可以看到,同学之间不仅仅是竞争对手,更多的是携手并进。我们12班是一个团结的大家庭,这是被各项活动和各种场合多次证明的,我希望同学们做一辈子的好同学。

片段2:家长来信

关于亲情,每个人细细地想一想,都会感动,高三了,我们似乎有更多的理由来享受甚至滥用这份情感,很多次,家长给我打电话,在谈到教育孩子时都会说"他会不开心",你能体会到这句话背后的战战兢兢吗？这次主题教育课，我请一位家长写了一篇身为高三家长的心情，现在和大家一起来分享一下。

请学生乙朗读家长来信《高三，与你同行》。

（在学生朗读的过程中，很多学生都眼含泪花儿）

同学们，你是否偶尔会为了一件小事而与家长闹不愉快？你是否知道爸爸妈妈看你难过时会感到心疼和无助？父母一直是你最贴心的朋友、最有力的依靠。所以，遇到事情不要自己硬撑着，疲惫的时候，找妈妈靠靠；困惑的时候，找爸爸聊聊，他们一定愿意多分担你一份烦恼，多给你一份呵护！希望大家能像父母理解我们一样去理解自己的爸爸妈妈。

关于师生情，从我自身出发，我觉得这是仅次于家长的一种关爱，是一种甘愿奉献、只盼学生能够青出于蓝而胜于蓝的情感，只要你们需要，只要我们能做到。所以，老师同样是你们坚强的后盾。

三、应战高考

1. 培养良好的心态

到目前为止，我想大家可能已经知道了什么是高考，也知道了你不是一个人在面对高考，可是还是有同学会说：我现在心态很不好，尤其是考试时，心态对答题影响非常大。那么，什么是心态？心态真的有那么重要吗？

请同学丙朗读《好心态没你想的那么重要》。

请同学们谈谈自己的想法。

学生E：我喜欢其中的一句话：在绝对力量面前，任何的幺蛾子、花招都是没用的。这告诉我们不要耍小聪明，小聪明可以一时得意，却不能让人一世得意。

学生F：我以前也总认为自己考试心态不好，但现在我知道了，只有在竭尽全力后，才有资格去谈论心态这回事。我怕是因为我还没有充分准备好。

学生G：我觉得文章说得对，高考这件事是我们绝大多数人都要经历和承受的,那么这件事就称不上什么艰难和痛苦,别人可以的我也可以,我会更努力。

小结:我最近刚看到一句话:就怕比你聪明的人比你还努力!这句话对我自己触动也很大,我想大家听到应该也一样。我们不自信、心态不好,只是因为我们努力还不够,不自信是因为"心虚"。所以,什么是心态,心态就是努力,相信付出才会有收获。

2. 用科学的学习方法迎接高考

PPT 演示:工欲善其事,必先利其器。在学习中,"方法"就是这个"器"。用对了方法,事半功倍。比如背诵类的适合点滴积累,练听力可以在熄灯入睡前,整块的时间(晚 18:00—21:00)学理科,背文科更需要动笔、动嘴,等等,希望大家能善用上述方法。当然,还有一项非常重要的内容是注意"劳逸结合"。

四、总结

同学们,通过今天的这节课,我们看到:高考是一条荆棘上怒放鲜花的路,把考试看成如临大敌,就会紧张不安;把考试看成是倒霉的事,就会心灰意冷;把考试看成是一种挑战,就会激发自己的状态;把考试看成是一个机会,就会以珍惜的心情对待。希望同学们都能把每一次模拟、把高考都看成是挑战、是机会。记住我们 12 班的口号:英雄为荣誉而战,高三为梦想而搏。我们的高考,我们一起加油!

【教学反思】

本次主题教育课产生了以下两点效果。

1. 引导学生正确认识高考及备考。关于高考,日日说,不能不说,但怎么说才能让学生有所触动,起到"当头喝棒"的效果?高三的学生,虽然都有高考的目标,但却比以往更加迷茫,尤其在密集的考试中,很容易产生焦虑退缩的情绪波动。通过这次主题班会,学生都表示将来即使遇到困难,也会及时调整,重视自己付出的努力,而不去归因于其他。同时,科学的学习方法第一次被这样正式地打在屏幕上，获得了很多学生的认可，也激发了学生学好薄弱科目的信心。

2. 引导学生珍惜身边的人和事，营造和谐的情绪和环境。高三学生，因学习压力而变得敏感，本节课中，通过播放视频"104"和朗读家长来信《高三，与你同行》，帮助学生发现我们周围浓浓的师生情、同学情、亲子情，营造良好的班级环境和家庭氛围，这对稳定学生情绪、更好地投入学习有重要作用。

高三，是一个没有硝烟的战场，这场战争的胜利，同样需要各方的协调。我们重视成绩，但更要重视学生的身心健康，主题教育课是班主任有效开展工作的重要阵地，高三，我们更应该充分把握这样的机会，为学生成长注入更多活力。

长风破浪会有时　直挂云帆济沧海

上海市朱家角中学　周莉燕

【背景分析】

俗话说,高三是座山,面对这座高山,学生各方面的问题也随之显现。纵观现在的高三学生,他们普遍存在这样那样的一些问题。主要表现为:学习不稳定,心理问题增多。有的学生出现倦怠、厌学、焦虑的心理,导致学习成绩差距拉大;有的学生在过去的学习中屡遭挫折,对学习产生灰心、自卑甚至害怕的心理,沉溺于不良情绪之中;有的学生没有掌握正确的学习方法,导致学习效率低下,成绩始终徘徊不前;另外,学生们已经熟悉了学校的管理措施,容易变得自由散漫,这样既影响了学习,也给学校管理增大了难度。设计本节主题教育课,旨在进一步引导学生确立学习目标,培养学习兴趣,改进学习方法,增强学习意志力和学习自觉性、主动性。希望学生能在最后的关键时刻端正态度,调整心态,掌握恰当的学习方法,打起十二分的精神备战高考。引导学生明白人生"无奋斗,不精彩"的道理,在关键时刻能努力奋斗,为开启自己人生的下一个精彩篇章做好充分的准备。

【教学目标】

1. 认知目标

认识自己在学习中存在的各方面不足,包括心理、学习态度和学习方法方面,使学生进一步懂得人生需要奋斗才能成功的道理。

2. 情感目标

引导同学们树立正确的人生目标,激发同学们的学习斗志,坚定同学们的信念,鼓舞同学们为自己的理想而执着奋斗。

3. 行为目标

端正学习态度,改进学习方法,增强学习的自觉性、主动性。

【教学准备】

1. 学生准备

(1) 出一期"奋斗在高三"的黑板报。

(2) 创作情景剧《学习百态》并排练。

(3) 每个学生准备一则关于学习的励志名言,课上互相交流激励。

2. 教师准备

(1) 设计教案流程,制作班会PPT。

(2) 要求计算机老师一起协助制作《龟兔赛跑》的动画片。

【教学过程】

一、要想成功,必须奋斗

教学内容:用4场龟兔赛跑进行明理分析。

1. 龟兔赛跑第一场

很久以前,乌龟与兔子之间发生了争论,它们都说自己跑得比对方快。于是它们决定通过比赛来一决雌雄。确定了路线之后它们就开始跑了起来。

兔子一个箭步冲到了前面,并且一路领先。看到乌龟被远远抛在了后面,兔子觉得,自己可以先在树下休息一会儿,然后再继续比赛。

于是,它在树下坐了下来,并且很快睡着了。乌龟慢慢地超过了它,并且完成了整个赛程,无可争辩地当上了冠军。兔子醒了过来,发现自己输了。

提问:从中你获得了哪些启示?

启示1:稳步前进者往往能够获得最终的胜利。

学习是一种艰苦的脑力劳动,不能像兔子那样,稍微有点起色,就骄傲自满。你的强项很可能被你变成自己的绊脚石。

2. 龟兔赛跑第二场

兔子因为输掉了比赛而感到失望,它做了一些失利原因的分析。兔子发现,自己失败只是因为过于自信而导致粗心大意、疏于防范。

如果它不那么自以为是,乌龟根本没有获胜的可能。于是兔子向乌龟提出挑战,再比一次。乌龟同意了。

于是在这一次比赛中,兔子全力以赴,毫不停歇地从起点跑到了终点。它把乌龟甩在几千米之后。

提问:从中你获得了哪些启示?

启示2:迅速并且坚持下去一定能打败又稳又慢的对手。

改变刻板的思维方式,改进学习方法,提高学习效率。

热身活动1:发挥你的想象力,给兔子和乌龟设计第三场和第四场比赛。

3. 龟兔赛跑第三场

(学生创作改编略)。

4. 龟兔赛跑第四场

(学生创作改编略)。

二、分析自我,查找不足

1. 学习心理测试——答题与学习倾向

热身活动2:你在填写考卷答案时,你会(　　)。

A. 不仅答案正确,考卷也要保持很干净、整洁

B. 只要答案正确,随便写就可以了,潦草脏乱没关系

C. 即使不会写,也要保持干净

D. 如果写不出来,就乱涂一番

那么,你属于哪一类型呢?

解读各选项背后的心理特点,针对不同的个性对号入座,指出学习上容易进入的误区,并指导学生加以避免。

2. 小品表演,情景思辨

小品内容:展示本班课堂学习、课间休息的众生百态,包括抄作业、上课走神、打瞌睡、课余时间浪费在娱乐上等。

讨论交流:找出本班学生日常学习中存在的问题,谈谈改进的方法和措施。

小结:希望我们全班所有人都能端正态度,改进方法,并能坚持下来。坚守才能花开不败。

三、学有榜样,赶有方向

1. 身边的榜样示范

选两个目标明确、学习优秀的同学交流学习方法。

2. 任课老师的友情建议——馒头理论

吃了第一个馒头,没饱;吃了第二个馒头,还没有饱;吃了第三个馒头,饱了。由此下结论,只要吃第三个馒头就可以了,这是荒谬的。没有第一、第二两个馒头的基础,哪有第三个馒头的效果?

小结:基础与发展息息相关。积累是一个逐渐的过程。

每天1个25分钟的自主学习时间,积少成多,养兵千日,用兵一时。

我们相信这样的一个现实:最困难之时就是离成功不远之日。

3. 关于学习的励志名言:互相激励

(交流之前准备的励志名言)

四、集体朗诵,抒发情感

热 爱 生 命

汪国真

我不去想是否能够成功

既然选择了远方

便只顾风雨兼程

我不去想身后会不会袭来寒风冷雨

既然目标是地平线
留给世界的只能是背影
我不去想未来是平坦还是泥泞
只要热爱生命
一切,都在意料之中

  同学们,接下来我们给自己一点独处的时间,闭上眼睛再次问问自己:我的目标是什么?我离目标还差什么?我该怎么努力?记住:梦想的阳光是否能照进现实,决定于此刻你是否努力!坚定目标,找对方法,不怕吃苦,撸起袖子加油干!

  同学们,让我们用辛勤的汗水浇灌梦想之花,让我们在通往成功的路上,一起风雨兼程,同舟共济,"长风破浪会有时,直挂云帆济沧海"。

单元三

生活能力指导

　　高中生生活能力就是要求学生提高作息效率、科学饮食、注意卫生、加强锻炼等,培养学生计划自己生活以及未来的能力。加强生活能力指导,指导学生学会生活、热爱生活,促进学生养成健康的生活习惯与兴趣爱好,形成生命意识和安全意识,掌握生活与生存技能。

我们与手机

上海市朱家角中学　谢红梅

【背景分析】

《中小学生守则(2015年修订)》第7条指出,学生应当"自强自律健身心。坚持锻炼身体,乐观开朗向上,不吸烟不喝酒,文明绿色上网"。《中小学德育指南》也要求建设网络文化,"积极建设校园绿色网络,开发网络德育资源,搭建校园网站、论坛、信箱、博客、微信群、QQ群等网上宣传交流平台,通过网络开展主题班(队)会、冬(夏)令营、家校互动等活动,引导学生合理使用网络,避免沉溺网络游戏,远离有害信息,防止网络沉迷和伤害,提升网络素养,打造清朗的校园网络文化"。

高中生正处于社会化的关键时期,生理和心理都发生着转折性变化,处于成长的不稳定时期,对于外界的影响非常敏感。手机普及之后,各种丰富多样的信息融入他们的生活中,必然对他们的人际关系、个体成长、社会发展产生影响。很多高一学生在经历中考之后,要求父母买手机作为考上高中的奖励,中考之后的整个暑假便沉迷于手机,无法自拔,以至于上了高一后产生各种不适应高中学习生活的现象。

手机是一把双刃剑,使用得当就可以辅助学生学习、拓宽学生视野,使用不当,影响学生身心健康。因此,引导学生辩证看待手机以及合理使用手机,有助于培养学生自律能力,促进学生身心健康。

【教学目标】

1. 认知目标

了解手机的功能,它是现代科技进步的产物。

2. 情感目标

通过问卷调查、微辩论和案例分析，引导学生辩证看待手机的利与弊。

3. 行为目标

引导学生正确处理我们与手机之间的关系，学会合理使用手机。

【预设问题】

（1）你有手机吗？你是如何使用手机的？

（2）手机有哪些益处和弊端呢？

（3）作为一名中学生，该如何合理使用手机？

【教学准备】

1. 学生准备

（1）收集使用手机的益处和弊端，为微辩论做准备。

（2）完成《手机使用问卷调查》。

2. 教师准备

（1）搜集大量与手机发展历史、手机功能、中学生沉迷于游戏和网恋等相关资料。

（2）课件准备。

【教学过程】

一、手机进入我们的生活

根据中国互联网络信息中心 2018 年最新统计报告显示，截至 2018 年 6 月，我国网民规模为 8.02 亿，随着智能手机的普及和网络基础设施建设不断完善，人们越来越多地通过手机上网，我国手机网民规模达 7.88 亿，占比 98.3%。10～19 岁青少年占总体网民的 18.2%，约 1.46 亿，青少年使用手机上网的比例达 90%。

让我们回到 30 多年前，1987 年 11 月，广东省开通全国第一个移动通信网，首批用户只有 700 名，他们使用的都是大部分都是摩托罗拉的"砖头"移动电话——重达1千克以上,光是外壳就有800克,它的功能只有一个,就是打电话,而且它自带的电池支持的全部通话时间只有30分钟。

然而,随着移动互联时代的到来,智能手机的流行已成为手机市场的一大趋势。与传统功能手机相比,智能手机以其便携、智能等特点,使其在娱乐、商务、时讯及服务等应用功能上能更好地满足消费者对移动互联的体验。让我们一起观看一段视频,了解手机的发展历程。

(播放介绍手机的发展历程的视频)

小结:智能手机是现代科技进步的产物,我们不可能逆时代潮流完全不用手机,我们只能顺应时代发展,接受手机。作为高科技产物,智能手机功能丰富多样。

二、手机功能知多少

提问:智能手机都有什么功能呢?

1. 学生交流手机功能,教师补充

预设:打电话、短信、微信、听音乐、网络新闻、网络游戏、网络小说、网上购物、背单词等。

师:智能手机功能主要可以分为以下几类:① 获取资讯类,如搜索引擎、网络新闻等;② 交流沟通类,如短信、微信、QQ、电子邮件、论坛等;③ 娱乐类,如音乐、游戏、视频、网络小说等;④ 商务交易类,如网购、旅行预订、移动支付、网上银行、互联网理财等;⑤ 辅助学习类,如网课、背单词、解题等。

提问:手机功能丰富多样,你们在平时学习生活中经常使用哪些功能呢?

2. 请学生介绍自己常用的手机功能,教师介绍自己使用的手机功能

生:(略)

对我们高中生而言,使用手机已经是件很平常的事了。其实,我

们老师也经常使用手机,比如,建立家长微信群,加强家校沟通;使用手机银行,进行转账等交易;使用地图导航,等等。所以,手机确实给我们生活带来了很多便利。

3. 课前问卷调查,分析学生使用手机时存在的问题

我们对全班同学做过一个《手机使用问卷调查》,主要调查同学们手机各类功能的使用情况。调查发现,同学们使用手机时,在娱乐类和获取资讯类功能上花费时间最多,有些同学晚上睡觉前沉迷于王者荣耀、绝地求生等游戏,值得肯定的是,还有些同学使用手机APP学习,如用百词斩、墨墨背单词等记单词,扩大词汇量。调查还发现以下情况。

(1) 多数学生学习时会有意无意地查看手机,不停地收发信息。

(2) 部分学生周末在家时熬夜在被窝里玩手机游戏,白天精神萎靡不振,昏昏欲睡,作业应付了事。

小结:手机功能丰富多样,有些功能给我们的学习和生活带来便利,有些功能可能会误导我们沉溺其中,还有些功能会带来不良信息。我们要慧眼识珠,扬长避短。

三、中学生使用手机的利与弊

1. 微辩论

同学们那么喜欢使用手机,那中学生使用手机是利大于弊还是弊大于利呢,我们请我们班的几位同学来辩一辩吧。正方的观点是:"中学生使用手机利大于弊";反方的观点是:"中学生使用手机弊大于利"。

小结:感谢同学们精彩辩论。手机对我们到底是利大于弊还是弊大于利,我想每个同学心里都有一把衡量它的尺子。对于我们人生观、世界观尚未定型的青少年而言,无节制地使用手机对我们的学习和生活肯定会带来负面的影响。

无节制地使用手机,会让使用者产生手机依赖症,以下这些都是手机依赖症的症状:① 没带手机会觉得心里不安;② 手机没信号时

会烦躁;③ 把手机放在随手可以拿到的地方;④ 习惯性地看手机;⑤ 经常感觉手机在振动或者响;⑥ 长时间不使用手机,会感到不适,甚至心烦意乱;⑦ 可以直接面对面的交流,却要发短信或打电话;⑧ 经常会因为玩手机而忘记该做的事情;⑨ 经常因为手机来电或信息中断学习;⑩ 在排队或其他等待过程中,总是利用手机打发时间。

有报道称,只要有以上10个症状的5个,即可判定为患有"手机依赖症"。请符合这一条件的同学举手。我想请大家思考一个问题:如果你患有"手机依赖症",到底你是手机的主人还是奴隶?你有选择的权力,你可以集中注意力去走回现实。你可以控制你和手机的关系,你可以摆脱控制,成为主人。

其实,就智能手机本身而言,它并没有错,手机作为移动互联终端,具有开放性和跨地域性,为人们的生活和工作带来诸多便利;但在某种意义上,手机又像药品,适量可以治病救人,过量就会害人。从刚才的辩论中,我们可以总结出无节制地使用手机对我们青少年产生的负面影响主要表现在以下几个方面。

(1)手机游戏成瘾,荒废学业。

(2)过度使用手机,危害身心健康。

(3)垃圾信息,腐蚀道德观价值观。

(4)互相攀比,助长虚荣心。

小结:手机是一把双刃剑,使用得当就可以辅助学生学习、拓宽学生视野,使用不当,则会影响学生身心健康。作为中学生,无节制地玩手机,弊大于利。

2. 案例剖析

手机游戏逐渐替代电脑游戏,成为人们玩游戏的主要方式;QQ、微信、陌陌等聊天软件的出现,也使得网恋现象在中学校园里呈现出日益增多的趋势。老师这里有几个典型案例,我们一起来看一下。

(播放中学生沉迷于手机游戏的视频)

提问:看过之后,你觉得这位同学现在面临的最大的问题是什么？他为什么会玩手机游戏成瘾的呢？

小组讨论并交流：（略）

游戏中的一切尽在自己的掌控之中，这样的情形之下，手机游戏也成为未成年人心理宣泄的一种手段。最初只是心理的宣泄，而在进一步接触中，游戏的一步步设计，会让他们逐渐深陷其中不能自拔。游戏中的习惯满足了人性中趋易避难的特性，吸引未成年人沉浸其中，而当习惯于游戏中的打怪升级之后，生活中不那么容易的"打怪升级"，以及需要努力和学习才能获得进步的现实，对他们来说，就成为一种难以承受的痛苦。比较手机游戏和现实生活就会发现，手机游戏带给人们的是即时的快感，它不需要个体奋斗就可以获得，需要时间投入。但是现实生活中，不管做什么事情，都需要去投入。一旦沉浸到一种比较容易获得快感的世界里，他就会拒斥苦尽方能甘来的现实生活，拒斥需要奋斗的成就感。

同学们分析得不错。这些原因有的是紧张学习所带来的压力，也有的是父母教育不当，还有社会环境的影响，但更多的是他自身的原因。

提问：成瘾之后带给他和父母带来什么影响？

小组讨论并交流：（略）

提问：同学们，如果他是我们的同学，该如何帮助他？

学生：（略）

小结：欧阳修有言，"夫祸患常积于忽微，而智勇多困于所溺"。青少年一旦沉迷游戏，便会更多地关注游戏当中的角色，从而忽略现实生活，甚至现实生活中的一些东西对他来讲没有意义了。沉迷于手机游戏的人冲动性较强，在做决策时往往会关注一些较小的即时的奖励，而不会去关注一些长远的可能较大的奖励。在认知能力方面，自控能力和情绪调节能力亦会受一定的影响，而且他们对一些社会不良现象的容忍程度更高，从而对自己的价值观也产生不良影响。"少年强，则国强"少年沉溺于手机游戏，国之危已。因此，同学们，我们要"拒绝手机游戏成瘾，健康文明上网"。

案例：(中学生网恋)

接下来我们看另一个案例,首先,请大家看看这张字条。请某个同学为大家读一下。这张字条是谁因何而写？背后有什么故事呢？我们来具体看看整个故事的始末。读完之后,请大家分小组讨论以下问题：

阿花为什么会沉迷于网恋并且离家出走？

她的离家出走给家人带来什么影响？如果警方没有找到阿花,又会带来什么影响？

如果现实生活中的小刘和虚拟世界里的小刘相去甚远,阿花可能面临什么危险？

小组讨论并交流：(略)

小结：网恋者沉醉在虚拟世界里的角色,脱离现实生活,网络上人员鱼龙混杂,有可能危害中学生人身安全。

四、中学生如何合理使用手机

2001年,团中央等部门向社会公布了《全国青少年网络文明公约》,提出了"五要五不"的网络道德要求。这一公约也适用于使用手机,现在就让我们来学习一下吧(一起朗读一下)。全国青少年网络文明公约如下：

要善于网上学习,不浏览不良信息；

要诚实友好交流,不侮辱欺诈他人；

要增强自护意识,不随意约会网友；

要维护网络安全,不破坏网络秩序；

要有益身心健康,不沉溺虚拟时空。

1. 小组讨论：中学生该如何合理使用手机

学生交流：(略)

教师补充。

小结：中学生使用手机时,应注意文明礼仪,在各种集会场合,调成振动或静音。不攀比、不炫耀,选择适合自己的手机。此外,还应做到下列要求。

（1）增强自我安全意识，保护自己的人身安全、财产安全和隐私安全，不随意见网友；

（2）使用手机要限制时间，包括每次上网时长不宜超过三个小时；

（3）加强自我监督，浏览的网页内容要健康，不浏览不良信息；

（4）合理利用手机资源自主学习；

（5）不沉迷于手机游戏。

2. 强调规章制度的重要性

由于我们学校高一学生全体住校，学校对学生使用手机也有相关规定，请同学讲一下。

学生交流：（略）

五、总结

我相信，通过今天的这堂课，同学们一定认识到了，只有遵守学校规章制度，不论在校还是在家里都能有节制地使用手机，我们才不会沦为手机的奴隶，不会受其负面影响。如果有同学对手机是真爱，老师建议你将来上大学时学习手机软件或手机游戏开发方面的专业，未来从事相关工作，将自己的兴趣做成事业，是人生一大幸事。不过当下，还是应当将大部分精力放在学习上，才能保证你考取更好的大学，将来学习到更专业的软件开发知识。

拒绝网络成瘾,健康文明上网

上海市朱家角中学　张　钱

【背景分析】

随着互联网的发展和普及,越来越多的中学生成为新的网民。无论在城市学校还是农村学校,互联网对学生的吸引都是强烈的。其中部分学生不能正确处理现实生活和网络生活的区别,把过多的时间花费在网络上。他们要网吧,不要学校;要鼠标,不要书包;要游戏,不要成绩,而且目前互联网上的信息良莠不齐,缺乏自制力的中学生由于心理生理的不成熟导致各种违纪违法现象频繁发生,造成很多家庭和社会问题。为此,我们有必要认真思考:面对这个"丰富多彩""五光十色"的虚拟世界,如何教育学生正确地利用网络资源,使其为学习、生活增添色彩。本节课我们旨在引导学生正确认识网络的利弊,了解不健康上网对学生的危害。学会预防网络成瘾的方法,增强安全防范意识。真正有效的做到趋利避害,引导学生健康上网、安全上网。

【教学目标】

1. 认知目标

(1) 了解电脑网络的功能,它是 21 世纪信息技术高速发展的象征。

(2) 认识网络成瘾的危害,知道遵守网络文明的重要性。

2. 情感目标

(1) 通过网络的利与弊的辩论,引导学生正确看待事物的两面性,处理好学习和网络的关系。

(2) 引导学生了解网络成瘾的危害性,从思想上彻底认识到远离网络游戏等不良内容的必要性。

3. 行为目标

通过开展学校调查,辩论会,案例分析,自我检测,创设各种情境,引导学生深刻地体会到网络成瘾的严重性,鼓励和引导学生在社会生活实际中身体力行,加强自我教育,注重知行统一。

【预设问题】

(1) 同学们,你们上网吗?
(2) 平时你都用网络做些什么呢?
(3) 上网成瘾的原因是什么?
(4) 作为一名中学生,该如何做到文明上网呢?

【教学准备】

1. 学生准备
(1) 编排小品。
(2) 整理、收集问卷调查数据。
(3) 收集辩论赛材料。
2. 教师准备
(1) 制作课件。
(2) 搜集关于网络成瘾的视频。
(3) 设计问卷调查问题。

【教学过程】

一、我们的现状

同学们,今天我们一起来讨论一个热门的话题——网络。随着科学技术的不断发展,网络已经走进了我们的生活。让我们一起先来看几张图片。

1. 导入

多媒体呈现几幅图片:遍布街道的网吧;一到双休日,网吧里随处可见学生的身影;一些学生玩游戏。

提问:你们看到了什么?网吧里面是些什么人呢?同学们,你们上网吗?平时你都用网络做些什么呢?

小结:是的,正如同学们说的那样,网络给我们的工作、生活、学习带来了这么多的便利,但是同学们也应该看到网络在给我们带来很多便利的同时,也影响了一部分同学的身心健康。网络就是一把双刃剑。

2. 问卷调查报告

前些日子,我们对高一年级学生进行了一次"上网情况问卷调查",同学们上网情况到底如何呢?下面用掌声请我们班的沈逸楠和周晨丽同学来给大家汇报一下调查结果。

朱家角中学高一年级上网情况问卷调查报告

学生1:2011年4月,我们对朱家角中学高一年级学生进行了一次"上网情况问卷调查",下面我们简要汇报一下调查结果。播放PPT:

1. 你的性别(　　　　)

　　A. 男生 44.60%　　　　　B. 女生 55.40%

学生2:本次参与问卷调查的学生共有556人,其中男生248人,占44.6%,女生308人,占55.4%。

2. 你有上过网吗?(　　　　)

　　A. 有 88.49%　　　　　B. 没有 11.51%

学生1:对于"你有上过网吗?"这一问题,有88.5%的学生上过网,有11.5%的学生没有上过网。选择没有上过网的同学,其中可能是家里没有电脑,所以不能上网,或者还有部分同学没有到网吧上过网。其实,在学校里我们有信息科技课,每个同学都有上网的经历。

3. 你通常在哪里上网?(　　　　)

　　A. 网吧 2.70%　　　　　B. 家里 88.85%
　　C. 学校 2.16%　　　　　D. 同学或朋友家 6.12%

学生2:对于"你通常在哪里上网?"这一问题,有88.9%的学生都在家里上网,说明学生在家庭上网比例最高,还有6.1%的学生可能由于家里没电脑因而在同学或朋友家上网,但仍然有2.7%的学生在网吧上网。其实,我们同学中更多的是使用手机上网。

4. 你一般每周上网多长时间?(　　　　　)

　　A. 4小时以内 55.22%　　　B. 4~10小时 29.86%

　　C. 10~20小时 12.05%　　　D. 更长 8.45%

学生1:调查显示,学生每周用于上网的时间,4小时以内的占55.2%,4~10小时的占29.9%,10~20小时,甚至更长的共占20.6%,也就是相当于一个班级里有10个同学上网时间过长。

5. 你上网主要做的事情是:(多选)(　　　　　)

　　A. 看新闻 38.13%　　　　　B. 利用网络资源学习 35.97%

　　C. 听网络音乐 68.53%　　　D. 看网络视频 58.63%

　　E. 玩网络游戏 40.83%　　　F. 交友聊天 44.06%

　　G. 收发邮件 22.66%　　　　H. 参与网络论坛 24.10%

　　I. 网络购物 33.45%

学生2:对于"你上网主要做的事情"这一多选题,比例最高的3项是听网络音乐、看网络视频和交友聊天,说明学生网络使用仍然保持较突出的娱乐特点,经常上网的学生中,很多中学生都有自己的QQ号,建立了自己班级的QQ群。另外,玩网络游戏的同学也很多,占40.83%。

6. 你是否经常想着上网?(　　　　　)

　　A. 经常想 14.03%　　　　　B. 有时想 56.65%

　　C. 基本上不想 29.32%

学生1:对于"你是否经常想着上网?"这一问题,有14%的学生经常想,有56.7%的学生有时想。这两项数据加起来达到约70%,说明很多同学对网络有强烈的需求。

7. 你觉得上网是否有对你的学习带来负面影响(　　　　　)

　　A. 没有 49.82%

　　B. 有影响(比如视力下降,学习成绩下降),但是不大 40.47%

　　C. 影响比较大 8.45%

学生2:在问及"你觉得上网是否对你的学习带来负面影响",49.82%

的学生说有影响,40.5%的学生说有影响,但是不大,但仍有9.5%的认为影响比较大,这两项数据加起来,有接近一半的同学认为上网会对学习带来负面影响。

学生1:以上数据统计表明,对学生而言,互联网已很普遍,上网已经成为我们青少年的重要生活内容之一,同时我们也可看出学生网络使用仍然保持较突出的娱乐特点,中学生如何在生活和学习中利用好网络有待我们进一步提高。

合:我们的汇报到此结束,谢谢。

小结:通过这些数据,我们可以看出:在我们高中学生中,上网已经是大家学习之余很平常的一件事了。其实,我们老师也会经常上网,上网查资料,看电影,还有购物等等。

3. 小品表演《网络的诱惑》

提问:同学们平时的学习那么忙,学习压力那么大,你们都是什么时候上网的?怎么上网的?上网都做些什么呢?下面我们用热烈的掌声请我们班的几个同学来情景再现一下吧。

表演者:高嘉豪、康龙麟、王俊健、沈莹萍4人。

小品——网络的诱惑

第一幕 学校里

旁白:小明和小刚是一对狐朋狗友,整天沉迷于网络游戏,在学校里两人静若处子,一讲到他们最爱的游戏就动若疯兔。

小明:你昨天刷副本了吗?

小刚:我都碰不了电脑怎么刷?

小明:傻呀你,偷上呗。

小刚:我觉得这事儿完全不靠谱儿,中国男足世界杯夺冠和你的离谱程度其实差不多。

小明:跟你妈说查资料呀,随便编一个,这都不会编,沙丁鱼罐头都比你有前途。

小刚:我不是随便的人。

小明:你随便起来不是人。

旁白：于是小刚禁不住游戏的诱惑决定回家骗妈妈。

寝室里

小明：你手机借我玩会，我挂个Q，马上还你（做动作）。

旁白：第二天早上

小刚：你怎么那么厚颜无耻，说好只玩一会的，让它陪了你一个晚上，你的皮怎么那么刀枪不入？当心我一口盐汽水喷死你！

（小明奸笑）

第二幕　网吧

旁白：星期五一放学，小明和小刚以迅雷不及掩耳之势冲进了网吧。

小明：老板，上机。

网吧老板：哟，你们又来啦，这次开多长时间？

小刚：没钱了，就开3个小时吧。

（玩游戏）

小明：OH YES，我终于升级了（拍桌子，激动）。

小刚：靠，这个人竟然买时装来打我，过来帮我秒他。

小明：你假奶粉吃多了吧，这种菜鸟你都打不过，鄙视你！

小刚：你怎么可以鄙视我呢？

小明：鄙视你是每个公民应尽的义务。

（过一会）

小明：老板，来两桶面。

老板：好嘞，今麦郎桶面有奖！

小明：咱俩五五分，先说好，谁是五？

第三幕　家里

旁白：回到家里，小刚兴冲冲地对妈妈说。

小刚：妈妈，今天我要用下电脑，老师让我们查点资料。

妈妈（疑惑）：真的？

小刚：你唧唧歪歪什么呀？不信你去问老师。

（旁白：妈妈见小明一副认真的样子便同意了）

妈妈：那快些吧……

一个小时之后,妈妈迫不及待地说。

妈妈:你作业做好了吗?

小刚:快了快了。

妈妈:你查什么资料,要一个钟头。

小刚:你烦死了,你什么都不懂,就知道在旁边指手画脚。

妈妈:你个小鬼头,关心你还不好(妈妈回房间)。

旁白:妈妈走后,小刚锁上了房门,一直玩到深夜。

小结:谢谢同学们精彩的表演。通过小品我们已经看到了网络走进了我们中学生的日常生活,同学们会用电脑上网,也会用手机上网,但是如何把握好学习与上网之间的关系还有待改进。

二、我们的困惑

1. 辩论赛(中学生上网的利与弊)

正方的观点:中学生上网利大于弊;反方的观点:中学生上网弊大于利。

正方辩手:徐鑫霞(一辩)胡晨雪(二辩)吴佳慧(三辩)王磊(四辩);

反方辩手:陆佳伟(一辩)冉静(二辩)曹家玮(三辩)周韬(四辩)。

第一环节,开篇立论(2分钟);第二环节,攻辩环节(3分钟);第三环节,自由辩论(3分钟);第四环节,总结陈词(2分钟)。

小结:谢谢刚才几位同学的发言。下面张老师谈一些我的看法。对于刚才正方所陈述的看法,网络有许多好处,我表示赞同,同时我也认同反方所提到的网络带给我们的很多负面的影响。但是张老师认为,作为中学生上网肯定是弊大于利。

首先,互联网调查报告显示,有90%的人认为中学生上网是"弊大于利"。其次,我们看一下刚才的问卷调查结果,有接近一半的同学认为上网对自己的学习带来了负面影响。另外,看看同学们上网主要做的事情是什么,占前4位的是听网络音乐、看网络视频、交友聊天和玩网络游戏,说明学生网络使用保持较突出的娱乐特点。所以,我们可以得出结论：**中学生上网弊大于利。**

对于我们人生观、世界观尚未定型的青少年而言，无节制的上网行为肯定会对他的学习和生活产生重大的负面影响，主要表现在以下几个方面。

（1）认识出轨，价值观模糊。沉溺于虚拟的网络世界，脱离现实，失去对生活应有的追求。

（2）上网成瘾，荒废学业。

（3）无度上网，影响身心健康。长时间上网容易造成大脑缺氧，从而造成精神萎靡、眼睛长期处于紧张状态，造成近视等。

（4）为暴力、色情所诱，学生易犯错。互联网上垃圾信息泛滥，学生容易受人影响、自控能力差、分辨能力弱，常常因不良内容而走上犯罪道路。

小结：其实，在我们同学周围，或者在我们个别同学身上已经存在着类似与这些问题的现象，希望我们同学有清晰的头脑，认识到自己的问题。

2. 视频案例分析：网络成瘾，少年迷途

在我们生活中时常会看到，不少人因上网成瘾而荒废学业，严重影响了青少年学生的身心健康，甚至走上违法犯罪的道路。大家不相信的话我们一起来看一个案例。

（播放视频）

提问：这位同学现在面临的最大的问题是什么？他上网成瘾的原因是什么呢？我们如何来帮助他呢？

小结：迷恋网络会给我们带来这么多的危害，轻则会影响我们的学习，重则就如吸食电子海洛因一样，会使人越来越难控制好自己，越陷越深，最终难以自拔。因此，同学们，我们要"拒绝网络成瘾，健康文明上网"。

三、我们的行动

提问：那我们怎么上网才是健康文明上网呢？前不久，团中央等部门向社会公布了《全国青少年网络文明公约》,提出了"五要五不"的网络道德要求。现在就让我们来学习一下吧(全班齐声朗读)。

1. 学习《全国青少年网络文明公约》

要善于网上学习,不浏览不良信息

要诚实友好交流,不侮辱欺诈他人

要增强自护意识,不随意约会网友

要维护网络安全,不破坏网络秩序

要有益身心健康,不沉溺虚拟时空

2. 制定公约

请同学们对照《全国青少年网络文明公约》,结合自己的实际情况,"谈谈自己以后该如何文明上网"?请大家给出具体的、可操作的措施,填入下表。

健康文明上网具体措施

在　家	在　校	在社会
1. 利用网络学习 2. 控制上网时间 3. ……	1. 不带手机 2. 3. ……	1. 不进营业性网吧 2. 3. ……

小结:大家的建议很好,让我们把这些建议纳入我们班级的班级公约中,加强自我约束,加强同伴互相监督,文明上网,健康上网。

四、总结

网络多奇妙,人生真美好!同学们,你们是民族的希望,国家的未来。希望大家在物欲横流的大千世界中,能自觉拒绝网络成瘾,健康文明上网,让网络真正成为我们学习、生活、工作的好朋友!使我们的心灵更加纯净,学习更加进步,生活更加美好。谢谢!我们的班会到此结束。(音乐:我们都是好孩子)

"慧"交往　创和谐

上海市朱家角中学　何秀芳

【背景分析】

社会主义核心价值观囊括国家、社会、公民三个层面,其中个人层面要求：爱国、敬业、诚信、友善,体现了社会主义核心价值观在道德准则上的规定,是立足公民个人层面提出的要求,体现了社会主义价值追求和公民道德行为的本质属性。其中"友善"包含：善待亲友、他人、社会、自然等,善待亲人可以使家庭关系和谐；善待朋友,善待他人,可以使人际关系和谐；善待自然可以形成和谐的生态关系。

我们每个人都无时无刻不处于社会之中,人际交往是不可避免的,它将伴随着人的一生,人的幸福、快乐、成功或痛苦、烦恼、失败,都或多或少地与自身的交往状况有关。《中学生守则(新版)》用以引领和规范学生思想品德与言行举止,其中明确要求中小学生"孝亲尊师善待人：孝父母敬师长,爱集体助同学,虚心接受批评,学会合作共处"。中学时期正是人生发展的关键时期,与同伴相处是青少年日常生活中不可或缺的一部分,同伴友谊是影响青少年心智发展的重要因素,建立平衡的同伴关系,对于青少年个体成长和社会适应有着极其重要的、无法代替的作用。

高中生由于心智发展尚未成熟,对于同伴交往的正确理解以及日常交往所需要遵守的规范认识较为片面,他们的愿望与现实有时可能一致,有时可能遇到冲突,诸如同学之间吵架打闹、互相包庇、拉帮结派等不理性的行为时有发生。据调查,目前有28%的初中生、55%的高中生存在交往问题。基于以上思考,设计本节主题教育课,旨在引导学生树立正确的人际交往观念,懂得人际交往的技巧,创建人际关系的绿色环境,以适应未来的学习和工作。

【教学目标】

1. 认知目标

知道"人际交往"的基本内涵,懂得正确的人际交往在生活中的重要性,并认识到良好的同伴关系对于个体发展的积极作用。

2. 情感目标

借助具体事例的分析和切身经历的交流,以小组讨论和教师讲授的形式,引导学生正确理解什么样的交往是积极的、有益于自身发展的,学会反思自己的交往行为。

3. 行为目标

掌握人际交往的原则与技巧,并内化为品质,理性支配自己的行为,努力成为一个会交际而且"慧"交际的人,做到知行统一,铸就自己的美好未来。

【预设问题】

(1) 你的人际交往现状如何,朋友有哪些?
(2) 交流古人交友的故事。
(3) 网络传播的校园暴力事件引发我们怎样的思考?
(4) 如何看待与同学交往中出现的问题?

【教学准备】

1. 学生准备
(1) 写一篇周记,说出近期自己在人际交往中出现的困惑。
(2) 出一期关于"朋友相交"的板报。
(3) 收集有关人际交往的名言警句、经典故事。
(4) 回顾高中以来同学交往的点点滴滴,哪些交往是快乐的,哪些交往是不开心的?

2. 教师准备

（1）搜集有关交往、交友的相关资料、视频。

（2）挑选典型事例。

（3）收集整理高中阶段学生各项活动的照片，并制作视频。

（4）制作漫画、制作课件等。

【教学过程】

一、诵读诗歌，引出话题

齐读诗歌，解说诗歌表达的内容（导入）。

它们都是和交往有关的，想想自己从小到大的人际交往情况，如你的好朋友有几个？如今，我们已经是大孩子了，如何处理好与他人的交往关系，是值得我们思考的。

活动1：画人际交往树轮图，简单谈谈自己的感受

我们是不是发现，每个人与身边各种各样的人都有关联，人际交往已经成为我们不可避免的一件事情，所以，我们今天活动的主题是与"交往"有关。

设计说明：由学生简单回顾自己的人际交往状况，绘制人际交往树轮图，比较直观地看出每个人生活在社会中，必定会与各种各样的人产生关联，人际交往已经成为不可避免的一件事情，如何学会与人交往其实是我们必须面对的问题。

小结：我们无时无刻不在与人交往，人在社会中肯定需要交往，就像自然界有这样一种现象：当一株植物单独生长时，显得矮小、单调，而与众多同类植物一起生长时，则根深叶茂，生机盎然。人们把植物界中这种相互影响、相互促进的现象，称之为"共生效应"。事实上，我们人类群体中也存在"共生效应"。

设计说明：从自然界中的常见现象，由浅入深地认识我们生活于社会环境中的每个人也是存在相互影响的关系，人际交往关系处理得当同样会起到相互促进的作用。

二、解读成语,理解内涵

活动2:请同学们说出表达"交往"的成语故事

(成语串烧,并适时地提问)

小结:人际交往能力就是在一个团体、群体内的与他人和谐相处的能力,人是社会的人,很难想象,离开了社会,离开了与其他人的交往,一个人的生活将会怎样?有人存在,必须与人交往。

设计说明: 由成语故事入手介绍人与人之间的交往,从已知到未知,再到急切的想知,符合人的认识规律,易于学生的理解和接受。

三、剖析现状,激发思辨

人际交往是校园生活不可或缺的一部分,我们究竟该如何开展交往,建立和谐的人际关系,这是大家都关心的。

活动3:观看网上引起极大关注的校园暴力事件

观看云南普洱中学校园暴力视频,请同学们谈谈自己的看法。

追问:① 此时,你的心情怎样?
　　　② 你觉得出现这种情况的原因有哪些?

小结:近些年来,随着社会的不断发展,原本安静平和的校园这块净土,现在也接二连三地发生校园暴力事件,因此校园安全已成为人们非常关注的焦点问题。导致校园暴力事件时有发生的很大一部分原因,是由于一些青少年学生的法制观念淡薄,自控能力差,是非不分,从而引发学生伤害事故频繁发生。

设计说明: 通过校园安全隐患社会现状的宏观观测,引起学生对于自己校园交往状况的思考。

活动4:中学生校园人际交往现状剖析

看似校园暴力距离我们很远,但是肯定有诱因,其中最主要的问题就是交往障碍,正如我们所见,其实反映在客观现实中,就是同学在交往过程中矛盾冲突没有很好地、及时地得以解决。我们将镜头拉到中学生日常交往的普遍现状。

(漫画展现)

漫画1：宿舍里一群孩子嬉笑打闹，一个同学不知道该如何与大家交往。

漫画2：教室里同桌互不信任，戴着面具交往。

漫画3：异性交往。

漫画4：几个女同学嘲笑一个女同学，孤立她。

追问1：这些画面，同学们看懂了什么？

追问2：事态发展趋势会怎样？导致这种现象产生的根源是什么？

归纳：产生问题的根源有以下一些原因。

认知障碍：对他人评价认知偏差、对自我评价认知偏差。如认为自己了不起、成绩好、奖项多，不屑与同学甚至老师交好，久而久之被孤立，心里压抑。

情感障碍：传递"嫉妒"的消极情感信号。正如培根所言的"嫉妒者往往自己没有优点，又找不到别人的缺点，因此，他只能用破坏别人幸福的办法来安慰自己"。

人格障碍：明显偏离正常且根深蒂固的行为方式，人格障碍者对自身人格缺陷常没有自知之明，难以从失败中吸取教训，屡次犯同样的错误，在人际交往、职业和情感生活中常常受挫，一直害人害己。

设计说明：用学生喜闻乐见的漫画方式描述学生校园生活现状，并且让学生自己描述并反思自己身上是否也有此类情况发生，帮助学生分析产生问题的原因，引导学生思考校园人际交往的问题，帮助学生清除自己人际交往的各种困惑和障碍。

活动5：观看视频，知晓交往原则

名家讲述"交友之道"、交往之道。

《论语·季氏篇》：益者三友，损者三友。友直，友谅，友多闻，益矣。友便辟，友善柔，友便佞，损矣。

交往原则：平等原则(尊重他人　尊重自己)、信用原则(诚实守信　言行一致)、理解原则(换位思考　互相理解)、宽容原则(接纳别

人 包容别人)。

小结:我们通过对现象的剖析,经过理性分析已经明白了人与人交往是要讲求原则、讲究技巧的,这也是一种处世之道。

设计说明:通过孔圣人《论语》中对于人与人交往法则的学习,再加上名家通俗易懂地讲解,让学生更加真切地感受到结交益友的重要性,引导学生树立正确的交友观念。

四、情景设置,学会交往
活动6:情境大考验(角色扮演)

设置几个情景,小组讨论,然后自由选择答案回答,并让其他同学点评。让学生们认识到与人交往时还要互相理解、诚心诚意、以心换心、以情动人,并总结出交往的技巧。

场景设计:甲同学今天事情很多,正在埋头写作业。

这时,乙同学走到甲同学旁边说:"嗨!走,陪我借本书去,听说图书馆来了不少新书。"

情境1:甲同学看看正做的作业,又看看同学,迟疑了几秒钟,最后起身陪乙走了。

情境2:甲同学:"借什么书,没兴趣!你没看见我正在写作业!"

情境3:甲同学:"不去。"(语气较平和)继续写作业。

情境4:甲同学说:"对不起,我还有事,老师布置的作业我要中午做完,今晚上我还要回去做饭,我妈出差了。你自己去吧,好吗?"

交往技巧:学会倾听、学会拒绝、自控调节、善于赞美、习惯微笑等。

设计说明:通过几个学生生活中常见情境的进入式学习,启发学生认识到与人交往时应该做到相互理解、诚心实意等,并且引导学生掌握人际交往一些技巧,使其内化为品质,理性支配自己的行为,努力成为一个会交际而且"慧"交际的人,做到知行统一,铸就自己的美好未来。

五、总结提升,拓展学习

活动 7：学唱歌曲《朋友》

（班级活动照片展示）

世上找不到两片完全相同的树叶,同样,也不可能有两个完全相同的人,人与人的差异是普遍存在的,所以,有意识地学习人际交往技巧,建立良好的人际关系对我们每位同学来说都是十分重要的。

我们学习掌握了人际交往的一些技巧,懂得了学会交往的同时更要智慧交往,记住纪伯伦的一句名言:"跟你一同笑过的人,你可能把他忘掉;但是跟你一起哭过的人,你却永远不会忘记。"希望大家能够真心相待、坦诚交往,共创美好、迎接至上未来。

我们应该如何好好说话？

上海市朱家角中学　刘献姣

【背景分析】

友善，是公民基本道德规范之一，也是社会主义核心价值观的重要组成部分。《中小学德育工作指南》中将"社会主义核心价值观教育"列为德育五大内容之一，要求教师"把社会主义核心价值观融入国民教育全过程，落实到中小学教育教学和管理服务各环节"，引导学生自觉遵守爱国、敬业、诚信、友善作为公民层面的价值准则，将社会主义核心价值观内化于心、外化于行。

友善的社会环境、和谐的人际关系依赖良好的沟通。俗话说"良言一句三冬暖，恶语伤人六月寒"，良好的语言组织能力和表达方式是沟通的基础。反观当下生活中，一些学生和亲人、师友交流中缺乏的往往不是诚意与爱，而是恰当的表达方式；在网络上，出言不逊、"互怼"的现象随处可见。作为教育工作者，引导学生用心沟通，建立和谐的人际关系是心理健康教育的重要方面之一。

高二的学生即将成年，这个阶段的学生独立意识和自我意识增强，对家长依赖减少，可能不再愿意和家长交流烦恼；另一方面，这个阶段学生学习压力大、情绪化，有较强烈的交流沟通的需求。作为班主任，和家长交流过程中不少家长"抱怨"孩子上了高中后不愿意和自己交流了，或者说话"火药味儿"很浓，日常沟通甚至以"摔门而走"结束。因此，和学生一起探讨怎么"好好说话"，让学生掌握一些沟通技巧，不仅是构建和谐的人际关系需要，更为学生以后立足于社会、建立和谐的人际关系打好基础。

【教学准备】

要和学生探讨交流沟通的技巧就要先了解学生日常沟通情况，因此根据本年级学生情况，设计了《学生日常交流沟通情况调查表》，回收问卷并统计数据、分析数据做成柱状图、饼状图。

"交流"时时在进行，"沟通"人人可以谈。对于高二的学生来讲，如果主题班会课还流于浅尝辄止的活动，学生便难以发自内心地体会到沟通的重要性。为此我收集相关新闻、视频，阅读美国心理学家马歇尔·卢森堡的著作《非暴力沟通》一书，筛选其中有效的沟通方法，希望将这些来自心理学家的专业的、易操作的沟通方法与学生分享。

【教学过程】

一、语言可以是沟通的桥梁

提问：同学们，我今天想和大家讨论一下如何好好说话。好好说话很重要，因为语言沟通是我们每天在用的、非常重要的沟通方式。同学们思考一下，除了说话这种口头的语言沟通方式之外，还有哪些沟通方式？

生1：写信、手语。

生2：表情、动作。

生3：画画或者照片。

生4：电影、电视、文学作品。

提问：在这些沟通方式中，语言沟通是我们使用频率最高的、最有效的最重要沟通方式。同学们可以试想一下，如果没有口头的、书面的语言，仅仅依靠动作、表情，沟通将会是什么样呢？

（生轻声交流）

那么交流会变得复杂起来。我们可以在一个小游戏中体会一下。这个游戏叫"你来比划我来猜"。游戏规则是我们请两位同学分别站在讲台两侧，一人比划题板上的内容，另一人猜。比划的同学可以用表情、动作和道具,不允许说和写字。我们请潘同学来比划,潘同学选一位和你"心有灵犀"的同学来猜。

潘同学:我选蔡同学。

请两位同学分别站在讲台两侧,潘同学比划蔡同学猜。好,准备好了吗?听我口令,计时开始!

一共有11张题板,内容分别为:"蓝色""开心""放假啦""好冷啊""风扇""无所谓""超生气""太热了""你们都是学霸""期中考试""语文作业太多了"。(在游戏中,除了猜题板的同学,其他人都可以看到题板上的内容。潘同学反应敏捷,表情、动作、道具齐用。最终两人合作猜出3张题板上的内容,分别是"蓝色""风扇"和"开心"。)

二、语言可能是匕首

提问:语言沟通很重要。但是我们说出的话总是能达到沟通的目的吗?

生:(思考)没有。(多数摇头)

提问:比如,现在网络上很流行的一种说话方式——"怼人"。因为一句"你瞅啥?""瞅你咋地?"引发的"血案"新闻中比比皆是。

(师展示新闻标题截图)

> 新浪新闻:"你瞅啥?"山东烟台汽车站两男子一言不合就动刀
> 网易新闻:只因一句"你瞅啥"大连小伙儿手持军刺捅死59岁大叔
> 一句"你瞅啥"引发"血案"!90后小伙追撞"仇家",最终一死一伤!

(学生读新闻,露出惊讶的表情,小声交流讨论。)

所以说,不好好说话,后果很严重。如果你觉得上面的新闻中有冲动的成分,那么我们可以通过两段公益广告,体会一下不好好说话对人的伤害有多深。

【视频1】内容呈现的是同样几个人说出两组不同的话,视频一开始是黑白色调,人们用愤怒的、失望的表情,咬牙切齿的说出"无能""你怎么不去死""你是猪啊"。稍后镜头转换,画面恢复彩色,同样的几个人嘴角上扬,微笑着说出"你能行""加油""没问题"等鼓励性的语言。虽然视频只有配乐没有播放出说话人的声音,但是前后两组话对比强烈,学生们观看过程中露出惊讶和深思的表情。

【视频2】内容为《语言暴力会变成凶器》。6位在沈阳看守所的青少年罪犯亲述自己的故事。6位少年不约而同地讲述成长过程中亲人曾"说我没用""让我去死""说我是废物""骂我是猪脑子"。视频制作者将这些伤害少年的语言一一拆解,拼装成一件件行凶斧头、水果刀、枪等凶器(见图)。视频结尾打出一句话:语言的力量超出我们的想象。

三、我们应该如何好好说话——不要贴标签式的指责评价

提问:同学们,表格中有"说法1"和"说法2",这是对于同一件事情的两种不同的表达。请同学们体会一下两种说法有什么不同?你更愿意接受哪种说法?同学之间可以讨论一下。

说 法 1	说 法 2
1. 懒得要命。	1. 你今天早上10点才起床。
2. 你是猪啊,这么能吃。	2. 你刚才一口气吃了2大包零食。
3. 你傻X啊,这么简单的题也搞不定。	3. 这道题是课上的例题,老师讲过的。

(学生讨论)

生1：我认为说法2更客观，更委婉。第一种更直接。我个人比较能接受说法2。

师：你认为比较起来说法2更客观，说法1更主观，是吗？

生1：是的。

生2：平时我爸妈好像不会用说法2和我说话，基本用说法1。但是如果能先用说法2，再用说法1，说法1好像就也能接受了。

为什么呢？

生2：因为说法2是事实，就像论据一样，说法1是论点。先说论据再说论点，更容易让人信服。

师：刚才两位同学分析得很好，说法2是指出事实、说明问题，比较客观。说法1是从一个人的行为出发判断这个人，并且这个判断一般是负面的，对不对？

生：(大部分)是的。

师：所以这就是我给大家的第三点建议：尽量用事实说话，避免贴标签式的评价。因为这种贴标签式的评价往往倾向于判断和批评，会引起人的逆反心理，让人不愿作出友善的回应。正如我们刚刚在视频中看到的那些人用说的话："你是猪啊""无能""没出息"，当他们在说出这些话的时候，其实是不满意对方的某些行为。事实上，我们不能因为一个人的一次错误就否定一个人。正如我们这首诗中所说："我从未见过愚蠢的孩子，我见过有个孩子有时做的事我不理解，或不按我的吩咐做事情，但他不是愚蠢的孩子。"

接下来，让我们来一起朗诵这首诗《我从未见过》。(PPT展示《我从未见过》)

四、总结

1. 多种形式畅交流

对于"高二"的学生来讲，一节生动的主题教育班会课应该是有趣味、有参与、有思考、有启发的。在备课之初，我希望通过设置一些有趣的、贴近生活的环节让学生能"沉浸"在课堂40分钟中。因此,在准备阶段发放问卷掌握学生沟通现状;课堂上巧设游戏让学生在笑声中感受语言沟通的魅力;在真实的新闻事件中思考语言的力量;在贴近生活的情境中体会语言表达方式的重要性。围绕"语言沟通"设置的丰富活动,让学生在轻松的氛围中畅谈沟通方法的同时,带给学生一些来自心理学家的、专业的、易操作的沟通方法,以期趣味性、实用性相结合。从教学过程中的学生反应来看,教育目的基本达到。但是"好好说话"主题教育仅依靠课堂40分钟远远不够,更需要长久地落实在实际生活中。课堂之外的应用、深化需要在班级日常管理中进一步落实。

2. 多方参与话沟通

对于学生来说,沟通中要处理同伴关系、亲子关系、师生关系等。要建立和谐的人际关系,需要学生、教师、家长等角色协同配合,每个人都尽力做到"好好说话,用心沟通"。尤其在家校中,家长和老师居于强势一方,他们的言行对孩子影响深远。家长和老师不能因为出发点是"为你好"就不顾及沟通方式和内容。《中小学德育工作指南》中指出,德育工作的基本原则之一就是坚持协同配合,"发挥学校主导作用,提高对学生道德发展、成长成人的重视程度和参与度,形成学校、家庭、社会协调一致的育人合力"。此次主题教育班会课如果请家长参与进来,既可以提供更真实的情境,又可以各抒己见,共同探讨。那么教师、学生、家长可以协同成长,共建和谐人际关系。

朋友,真诚的同路人

上海市朱家角中学　沙林靓

【背景分析】

《中学生日常行为规范》中明确提出"平等待人,与人为善。尊重他人的人格宗教信仰和民族习惯;同学之间互相尊重、团结互助、理解宽容、真诚相待、正常交往,不欺侮同学,不戏弄他人,发生矛盾多做自我批评;日常交往中礼貌待人,讲话注意场合和分寸"等行为规范。与他人相处,尤其是与同伴相处是青少年日常生活中不可或缺的一部分。同伴友谊是影响青少年心智发展的重要因素,在青少年的个体成长和社会适应中有无法替代的作用。良好的友谊可以对青少年的认知与行为起促进作用,而不良的同伴关系可能会影响青少年的健康成长,甚至会干涉到成年之后的社会适应。由于高中生心智发展尚未成熟,对于友谊的理解以及日常交往的规范较为片面,诸如同学之间吵架打闹,互相包庇,拉帮结派等不理性的行为时有发生。基于以上思考,组织本次主题教育课,旨在帮助同学认识到友谊的可贵,认识到什么是积极的友谊以及学会如何建立积极的友谊。

【教学目标】

1. 认知目标

知道"朋友"的基本定义,懂得真诚在发展友谊过程中的重要性以及良好的同伴关系对于个体发展的积极作用。

2. 情感目标

借助具体事例的分析和切身经历的交流,以小组讨论和教师讲授的形式,引导学生正确理解友谊的定性,学会反思自己不恰当的交友行为。

3. 行为目标

能做到真诚待人,珍惜身边的朋友同时也努力规范自己的行为,向一个真正意义上的"益友"迈进。

【预设问题】

(1) 你的朋友是谁？为什么你会把他/她当作自己的朋友？
(2) 你有过与朋友发生矛盾的行为吗？你是如何解决的？
(3) 你觉得怎样的朋友才能称得上是一名真正的朋友？

【教学准备】

1. 学生准备

(1) 观看《追风筝的人》,结合电影写下对于"为你千千万万遍"的理解。

(2) 在小纸条上分别写下自己曾经对朋友撒过的一个谎言,放入匿名信箱。

(3) 分小组学唱关于友情的歌曲——《朋友》。

2. 教师准备

(1) 收集入学以来到现在的学生活动照片和班级同学的合照,制作视频。

(2) 搜集和友情有关的事例和资料,制作课件。

【教学过程】

一、导入

提问：从伦敦到罗马,最短的道路是什么？

多年前,英国《泰晤士报》出了一个题目。公开征求答案,题目是：从伦敦到罗马,最短的道路是什么？很多人从地理位置上找答案,结果都落选了。只有一个答案获奖,那就是"一个好朋友"。为什么？因为有一个好朋友相伴,沿途说说笑笑,不仅不会嫌路长,甚至还会说此路太短。友情是我们成长过程中不可或缺的一部分。来自朋友的陪伴与鼓励、鞭策与帮助能使我们收获快乐，同时也收获成长。今天，我们将在这里共同探讨朋友这一"真诚的同路人"的角色。

二、相识——朋友的定义

童年时我们有自己的玩伴。上学了我们有自己的同学。长大了以后我们也会拥有自己的同事。因为某一些共同的经历，我们认识了很多人，有些人仅仅停留在认识的熟人层面，而有些人却成了我们的朋友。你对于朋友的定义是什么呢？

活动1：朋友初相识

在班级内，你第一个结交的朋友是谁？还记得你们说的第一句话，第一次见面的场景吗？

小结：因为宿舍、座位、兴趣课等不同原因同学们先后结识了很多朋友，一些同学也都能清楚地记得最初说第一句话时的情景与心境。

活动2：用5个形容词来概括一下你对于朋友的理解。

引入李笑来老师在人生不同阶段对于朋友的定义：

朋友就是那些与我们共度时光，让我们感觉温暖的人。

朋友就是那些与我们共度时光，让我们感觉温暖，让我们心甘情愿地付出的人。

朋友就是那些与我们共度时光，让我们感觉温暖，让我们心甘情愿地付出的人。而这里所说的付出，常常是我愿意花时间、花精力主动联络，主动维系友谊的那些人。

你对于朋友的定义是什么呢？朋友是_____。

小结：虽然不同同学对朋友的定义各有侧重，但我们仍然能从中找到许多共通之处。每一段友谊得以维系下去都离不开彼此的真诚。

三、相知——用真诚换真诚

相互认识是发展友谊的基础。长时间的相处给予我们深入了解彼此的契机，同时也带来时间上的考验。

活动3：默契度大考验

选取两组同桌或好友同时回答题目,答案相同则得分

1. 最喜欢的食物
2. 最常说的一句话
3. 最爱穿的颜色
4. 最喜欢的学科
5. 课余生活的爱好
6. 最大的梦想

活动4：朋友间的"磕磕碰碰"

在长时间的相处中,纵然有很多欢笑相伴,但是也免不了磕磕碰碰。我们都带着自身的缺点,在与朋友相处的过程中互相磨合。你有与朋友发生过矛盾吗?你们后来是如何处理的?

A. 因为是我的错误,所以我主动道歉和好。
B. 虽然我也有错,但是碍于面子,我还希望对方主动先示好。
C. 不是我的错误,因此我没有必要先道歉。
D. 大家都有做得不对的地方,就让我做第一个打破僵局的人吧。

活动5：情景代入

小明与小张是一对形影不离的好朋友。小明的数学不好,所以常常会向小张借数学作业,想要看看她的解题过程。但是久而久之,小张发现,小明并没有真正弄明白其中的缘由,只是机械地在记忆步骤。如果你是小明,你会怎么做?

小结：真正的朋友并不是有求必应,会满足你任何要求的人。他们会站在你的角度,给予有利于你发展的鞭策。一段良好的友谊能帮助我们变成更好的自己。

活动6：写出一个朋友的缺点。这个缺点他/她是否知道呢?如果不知道,你会选择主动告诉她吗?

A. 会,告诉她可以帮助她改正。
B. 不会,告诉她之后会让她伤心的。

小结：朋友之间贵在真诚相待。真诚,让朋友之间更加坦率,也

让我们更了解对方。朋友是我们的一面镜子,照出我们的优点,也能反映出我们的不足。

（从匿名信箱中随机抽取几张纸条,上面写了同学们对自己朋友所撒过的谎言。）

四、相伴——风雨同路人

活动7：请计算一下你每周与朋友在一起度过的时间和与父母在一起的时间。

小结：在目前的校园住宿生活制度下,同学们一周大部分的时间都是在校园中度过。而这其中陪伴我们最多的则是和我们一起上课,一起吃饭,一起住宿的同学们。因为有他们的陪伴,我们并不孤独。因为有他们的陪伴,我们的快乐或是悲伤有了可以宣泄的出口。

活动8：当你遇到下列情况时,身为朋友的你会怎么做？

当你的朋友考试没有发挥好而灰心丧气时……

当你的朋友因不适应高中住宿生活,而一个人躲在被窝里流眼泪时……

当你的朋友因为家庭矛盾而心烦意乱,无心学习时……

当你的朋友痴迷于网络游戏而有些产生厌学情绪时……

活动9：写一封信给3年后的朋友

想象三年后,当你们收到了理想大学的录取通知书后,在同学聚会上聊起高中三年的时光,最想对你的同学们说些什么？请写一封信给3年后的对方。

活动10：播放视频,齐声合唱

播放班级合照视频,全班同学齐声合唱《朋友》。

小结：在高中,人生这一重要的关键时期,我们并不孤单,有身边的同学朋友和我们一起奋斗,共同拼搏。朋友是真诚的同路人,给予我们陪伴,也会给我们带来成长。在每一段友谊中,我们都应该做到真诚相待,满怀一颗感激之心,珍惜当下的情谊。

体悟亲情,感恩父母

上海市朱家角中学　宋晓芬

【背景分析】

现在的孩子大多数是独生子女,自幼被视为掌上明珠,父母对孩子千般宠爱,要什么给什么。然而,孩子对于父母的付出并没有意识到,反而形成了以自我为中心、不尊重父母的现象。为增进子女与父母间的了解,引导学生体悟亲情,学会感恩,设计了本节"体悟亲情,感恩父母"主题教育课。旨在让学生在创设的情境中体悟亲情的无私和伟大,感受父母在自己生命成长中付出的心血,懂得要感激和报答父母的养育之恩,使感恩教育不仅成为现今构建和谐社会风尚,更应该成为培育孩子做人的基本素质。

【教学目标】

1. 认知目标

(1) 使学生理解父母养育孩子的艰辛过程,使学生认识到孝敬父母的必要性。

(2) 引发学生明白父母生活细节于自己行为背后的教育意义。

(3) 使学生认识到该怎样正确地孝敬父母。

2. 情感目标

(1) 让学生了解父母之爱,感受父母之情,体验亲情的无私和伟大,即让学生懂得为什么要感恩父母。

(2) 激发学生感激父母之情,缩短学生与父母之间的心理距离。

3. 行为目标

让学生学会如何去理解父母、尊敬父母、体谅关心父母,与父母和谐相处,从现在做起,从点滴做起,以实际的行动来回报父母。

【教学准备】

(1) 组织学生收集中国古今孝敬父母的故事。
(2) 通过各方途径收集父母与孩子的照片,并制成PPT。
(3) 收集相关感恩父母的视频、事例,并对多媒体内容进行针对性的调试以及剪辑。
(4) 下载《母亲》《天下父母心》《懂你》等音乐。
(5) 请每位父母给孩子写封信。
(6) 邀请部分家长。

【教学过程】

一、导入

播放阎维文演唱的歌曲《母亲》,创设主题情境。

歌词:你入学的新书包有人给你拿,你雨中的花折伞有人给你打,你爱吃的三鲜馅有人给你包,你委屈的泪花有人给你擦啊,这个人就是娘啊,这个人就是妈,这个人给了我生命,给我一个家啊,不管你走多远,无论你在干啥,到什么时候也离不开,咱的妈。你身在他乡住有人在牵挂,你回到家里边有人沏热茶,你躺在病床上有人掉眼泪,你露出笑容时有人乐开花,啊,不管你多富有,无论你官多大,到什么时候也不能忘。

二、认识父母之爱

播放于丹所讲《论语》"百善孝为先"中《男孩和树》的故事,引导学生感受故事情节中包含的父母之爱。

男孩和树

有这样一个故事,有一个小男孩,从小就在一棵大树下玩,大树长得十分高大,硕果累累,是一棵大苹果树。孩子天天围着树玩,有时爬到树上去摘果子,有时在树底下睡觉,有时也用小刀子在树身上乱刻乱划。大树喜欢这个孩子,从来不埋怨他,天天陪他玩。

孩子后来长大了,有一段时间他就不来了。等孩子再来的时候,他已经是一个少年了。大树就问孩子:你怎么不来跟我玩了?孩子脸上开始有了忧伤,有点不耐烦,说我已经长大了,我不想跟你玩了,我现在需要更多的高级玩具。大树说:真对不起你,孩子,我也变不出玩具。这样吧,你就把我所有的果子都摘了,拿去卖了,你就可以去买高级玩具了。孩子一听,高兴坏了,他就把树上的果子全摘了,欢欢喜喜地走了。

小男孩每年匆匆忙忙到摘果子的时候就来,平时也没有时间来玩。等他读完书,又有好长时间不来了。这时候,孩子已经长成一个青年,等他再来到树下的时候,大树已经变老了。

大树说:你怎么这么长时间不来玩?青年说:我现在要安家立业,哪有心思玩啊?现在我连安家的房子都没有,我没有钱盖房子。大树说:孩子,你千万不要不高兴,你就把我所有的树枝都砍了,拿去盖房子吧!青年脸上露出了笑容,他把树枝全砍了,盖了房子,成了家。

话说又过了若干年,孩子长成了中年人,他回来,心事重重地徘徊在大树下,对大树说:我得到世界上去做大事,可是,世界的海洋,这么浩瀚,我连个船都没有,我能去哪儿呢?大树说:孩子,你别着急,你把我的树干砍了,就可以做条船。中年人又高兴起来,他把树干砍了,做了一条大船出海去了。

这样,过了很多很多年,大树只剩下一个树根,快要枯死的时候,当年的孩子又回来了。这个时候的孩子也已是垂暮老人,当他回到树底下的时候,大树跟他说:孩子啊,真对不起你,我现在没有果子给你吃了,也没有树干让你爬了,你一定不愿意跟我玩了吧?

老人对大树说:我也老了,有果子我也啃不动了,有树干我也爬不上去了,我从这个世界上回来,就想找个树根守着歇一歇,我累了。这一次,我回来就是来跟你玩的。

三、领悟父母之爱

(1) 展示幸福时光——在洋溢温情的乐声中,投影出一张张全家福画面,配上孩子成长的幸福笑脸,营造充满温馨的交流情境。

(2)情感分享——学生讲一件被自己父母所爱的最感动、最难忘的事。

(3)读家信——感悟家庭真情,诠释父母心声。

四、明晰父母之爱

(1)学习《中国青年报》刊登的《一位辛酸父亲的来信》,以实例引导学生深入讨论,交流各自观点,形成正确认识。

一位辛酸父亲的来信

亲爱的儿子:

尽管你伤透了我的心,可你终究是我的儿子。但是,自从你考上大学,心里已分不清咱俩谁是谁的儿子了。

的确,你考上大学,你爸妈确实为你骄傲,这也就是我们以你为荣的原因。然而,你的骄傲却是不可理喻的。

你读大一时,我们收到过你的3封信,加起来比一份电报长不了多少,言简意赅,主题鲜明,通篇字迹潦草,只一个"钱"字特别工整而且清晰。你说你学习很忙,没时间写信,但同院里你高中的女同学,却能收到你洋洋洒洒几十页的信,而且每周一封。

后来,你读大二了,这种痛苦煎熬逐渐少了。据你那位高中同学说,是因为你谈恋爱了。其实,从你一封封的催款信上我们已经感受到——言辞之急迫、语调之恳切。让人感觉你今后毕业大可以去当个优秀的讨债人。

当时,正值你妈下岗,你爸的工资又很微薄。在这样的状况下,你不仅没有半句安慰,居然破天荒来了一封长信,大谈别人的老爸老妈如何大方。你给我和你妈心上戳了重重一刀。最令我伤心的是,今年暑假,你居然虚报学费。这之前,我在报纸上已看到这种事情,没想你也同时看到这则新闻,而且及时运用这一招,来对付生你、养你、爱你、疼你的父亲和母亲。

虽然,得知真相后我并没发作,但从开学到今天,两个月里,我一想到这事就痛苦,就失眠。这已经成为一种心病,病根就是你——我亲手抚养大却又倍感陌生的大学生——儿子。

不知在大学里,你除了增加文化知识和社交阅历之外,还能否长一丁点善良的心?

(2)联系实际,自我反思:与父母相处中,自己在哪些方面做得不够好?

五、反哺父母之爱

(1)观看视频节目《陪伴我们走过一生的亲情》,进一步感受亲情,领悟感恩父母的必要性。

(2)积极行动,学会感恩。让学生明白感恩有许多方式,可以从自己身边的小事做起。让学生向父母送出感恩卡片,以具体行动升华教育主题。

总结:从大家所写的只言片语中,我已经感受到你们的心意与诚意。你们所写的每一个字都饱含着深情,每一个举措都源自于你们那颗感恩父母的心。不要让我们的话成为空话,不要让我们的行动成为空想,感恩可以从身边做起,从小事做起,从现在做起。不要等到树欲静而风不止,子欲养而亲不待,追悔莫及。让我们常怀一颗感恩的心,我们将成为世界上最富有的人。

单元四

心理健康指导

　　心理健康的人,能够充分发挥个人最大潜能,以及妥善处理和适应人与人之间、人与社会环境之间的相互关系。指导学生正确认识自己,欣赏并发展自己的兴趣、个性、能力、特长;教给学生保持积极心态的技巧,提高情绪控制和承受挫折能力;引导学生认识人生不同阶段所具有的不同角色,培养学生人际沟通能力,学会与人合作共事。

四季有常,无须逾越

上海市朱家角中学　沈　静

【背景分析】

高中阶段,由于生理、心理的发育,社会环境的影响、家庭和学校的压力,使不少学生对异性更多了一份关注,其中有些学生陷入感情的漩涡。不可否认,高中的早恋现象已经较为普遍,怎样认识和对待青春期的情感烦扰,怎样学习人际交往,成为班主任应面对的问题。

《上海市中小学生生命教育指导纲要》关于高中阶段生命教育的内容重点为"认识和遵守异性交往的道德规范,学会妥善处理和认识两性关系中的情感问题和价值问题"。"学习和了解每个人在婚姻、家庭与社会中的责任、权利和义务。"作为学生的人生导师,班主任在高中阶段需要对学生进行青春期早恋的教育工作,帮助学生认识情感迷茫期,形成正确的爱情观,学习积极的人际交往,使他们健康地成长。

【教学目标】

1. 认知目标

帮助学生认识了解早恋的心理、早恋的危害和"亲密有间"的人际交流方法。

2. 情感目标

通过找寻名人名言、观看视频、话题讨论、案例分析等方式,引导学生认识爱,增强责任感,树立正确的爱情观、人生观。

3. 行为目标

引导学生学会理智地对待青春期的情感萌动,妥善处理好与异性同学的交往。

【教学准备】

(1) 布置学生搜集关于爱情的名人名言。
(2) 准备班会时用的文字、音像材料。
(3) 进行关于早恋的问卷调查。

【教学过程】

一、课题引入

(观看短片《欢欢的早恋》)

如今,我们和片中的郑欢一样,走进了青春的季节,面对自己欣赏的异性,内心不由得会荡起阵阵涟漪,这是很正常的,歌德就说过:"哪个少年不钟情,哪个少女不怀春。"但是我想说"四季有常,无须逾越"。这个酸涩的青苹果有时也会让我们迷茫,不知道该何去何从。老师也和你们一样,曾经走过这段美好而又青涩的岁月,今天就让我们敞开心扉,一起来探讨这个问题:情感迷惘的青春,我们到底该如何度过?

二、重在引导,介绍专家视点

1. 提出问题

关于早恋这个话题,此前,我们事先进行了一个调查,请看大屏幕。这些都是同学们自己提出来的问题。主要有以下几点。

(1) 什么是早恋?如果只是单纯有了喜欢的人,也算是早恋吗?
(2) 校园中产生早恋现象的原因是什么?
(3) 遇到情感问题,如何正确处理?
(4) 家长老师为什么都反对孩子早恋?
(5) 中学生怎样做可以与异性保持一种合适的距离?

2. 学生讨论发言

(1) 什么是早恋?
(2) 校园中,产生早恋现象的原因是什么?

3. 提出专家视点

学生小组讨论、发言后,教师展示PPT,提出专家视点。

三、案例分析,理智应对情感问题

教师指导应对方式:① 学会拒绝;② 学会转移;③ 学会冷冻;④ 学会倾诉。

四、敞开心灵,进行话题讨论

提问:家长老师为什么都反对孩子早恋?

(学生小组讨论发言)

原因在于:① 影响学习生活;② 影响人际关系;③ 影响生理发育;④ 影响心理发展。

五、再做指导,正常交往好处多

1. 主要原则

提出主要原则为亲密有间。

2. 在交往中要注意的方面

在交往中要注意:① 不必过分拘谨;② 不应过分随便;③ 不宜过分冷淡;④ 不该过分亲昵;⑤ 不可过分卖弄;⑥ 不可违反习俗。

六、诵读经典名言,感受生活哲理

(学生齐声朗诵)

"幸福的爱情都是一种模样,而不幸的爱情却各有各的成因,最常见的原因有两个:太早,或者,太迟。年轻的你,有足够的理由相信,你将会得到这世间最幸福的一份爱。所以,我也有足够的理由劝告你要耐心地等待。不要太早地相信任何甜言蜜语,不管那些话是出于善意或者是恶意,对你都没有丝毫的好处。果实要成熟了以后才会香甜,幸福也是一样。——席慕蓉"

"有一种情感叫理智,有一种理智叫时间,有一种时间叫等待,有一种等待叫成熟,有一种成熟叫责任。"

七、画龙点睛,课堂总结

四季有常,无须逾越,再次回到这节课的开头。爱情之花,只有在恰当的季节开放,才能结出丰硕的果实。情感之花经过理性之剪的修理会更美丽。

【教学反思】

高中阶段,由于生理、心理的发育,社会环境的影响、家庭和学校的压力,使不少学生对异性更多一份关注,其中有些学生陷入感情的漩涡。不可否认,高中的早恋现象已经较为普遍,怎样认识和对待青春期的情感困惑,怎样学习人际交往,成为班主任必须面对的问题。在教学中,我设计了从早恋定义的认识—分析讨论早恋的成因—正确处理情感问题—早恋的影响—正确把握与异性的距离几个方面,深入浅出地与同学进行交流探讨,特别在讨论如何处理情感问题时,面对早恋这一敏感话题,为了让同学们能够充分参与话题讨论,发出来自学生内心的声音,教学内容以故事背景为载体,在故事情节发展中指导学生面对情感难题时能够做出正确的选择,收到了较好的教学效果。本节课的立意不在于对早恋现象进行批判与强加阻止,而是想给情感迷茫期的孩子们一些有效的心理疏导和方法引导,所以在讨论早恋对于高中生的影响时,设计了先由学生自由讨论发言,在此基础上再融入家长的看法、教师和专家的见解,在双方的思想碰撞、沟通过程中让同学们感受到早恋的危害。在课的尾声,利用席慕蓉的作品让同学们在名句中对本节课内容深思、感悟。本节课还准备了大学生对于早恋这个话题的看法和处理方式的视频,但是美中不足的是最后时间比较仓促,没有完整看完视频,且音响效果不是很好。

这次尝试让我深深感受到:一次主题教育课要取得成功,班主任需要付出许多心血,甚至得殚精竭虑。但我坚信,那是值得的。因为我收到了一个女生的课后来信,她诚恳地写道:"老师,对不起,我学到了很多。"这短短几个字,让我好一阵感动。原来,女生有一位要好的男生,在我宣布班级要举行一次以早恋为教育主题的班会课后,她就在周记中强烈反对,认为这样做是为了让大家揭发班级里哪些同学在悄悄地谈恋爱,是想对他们强加批判和干预。只是我想,"用心酿得百花香",我的诚意终会感动学生的。而这次磨砺,也是我教育能力的提升过程。它让我体会到,上好一堂主题教育课,首先,主题要鲜明,材料要充实,因此事先得做好充分的准备。其次,主题教育课要运用形式多样的教育手段,包括视频、讨论、对话、情境思辨等,以增强教育的针对性和实效性。第三,班主任在主题教育课上,要担当起主持、主讲、主导的重任,好难。为此,班主任必须花更多的精力和时间走近学生,关注学生的学习生活,关注学生的困惑,发现学生中存在的主要问题,把握其思而不解的问题。这样才能走进学生内心,实现师生互动,让思想碰撞、精神升华。

花开的季节，请三思而后爱

上海市朱家角中学　陈海侠

【背景分析】

高中学生身体发育已经成熟，爱情的萌发已有了生理基础。傍晚时分漫步在校园，我时常能够看到出入成双，甚至是手牵手的男女同学，似乎，高中生恋爱已是很普遍的事情。对于高中阶段频繁出现的恋爱现象，学校和家长都一致直接将其定义为"早恋"，并且是明令禁止的。学校一旦发现就会有相应的处分。然而，在强硬的制度管理下，这种地下恋情却仍是屡禁不止。从心理学角度，我们不建议使用"早恋"一词。我们将中学生的恋爱行为定义为中学阶段异性间的亲密交往，这是个体在人格发展进程中，发展自我同一性，迫切想从异性那里获得自我认同的需要。因此，高中的学生谈恋爱，已经不是应该不应该的问题，也不是用道德谴责就能解决的问题。解决此问题，重在于疏而不在于堵。在我看来，在心理辅导课上，教师引导学生学会对此阶段出现的爱情慎重做出选择，对于学生自身发展以及学校管理来说都是非常必要的。

【教学目标】

1. 认知目标

认识高中阶段出现内心的萌动是很正常的，促使学生正确认识异性之间该如何正确交往的重要性。

2. 情感目标

通过现实中的实际事例的引入，让学生从自身的生活中去发现和解决一些问题，有所感有所悟，从而培养学生积极向上的情感。

3. 行为目标

认识爱情是人类最纯真美好的感情,面对爱情我们需要做出理智的选择,树立真爱需要为对方负责,真爱需要等待的爱情观。提高学生分析问题、处理问题的能力,并学会从身边去发现问题,解决问题,提高学生的社会生活能力。

【教学准备】

(1) FLASH 动画《对面的女孩看过来》。
(2) 音乐《栀子花开》。
(3) 制作 PPT。
(4) 三色爱心选择牌准备。

【教学过程】

一、视频导入,引出敏感话题

导入:播放 FLASH 动画《对面的女孩看过来》,学生欣赏。借助歌曲,引出话题。

提问:说说看这首歌表达了唱歌男生怎样的心情?

学生:渴望有人爱,有人关心,寂寞无奈的心情。

提问:动画里的男生喜欢女生,那你们曾希望有人关心、希望被人喜欢过吗?

学生笑而不答。

其实啊,随着青春期的到来,少男少女们不知不觉中会渴望被异性关注,也很自然会对异性产生好感。男女生的交往不仅是正常的,而且是必要的。男女生之间的正常交往不仅有利于学习进步,也有利于个性发展,更有益于青少年身心健康成长。心理学的研究和实际观察发现:青春期交往范围广泛,既有同性知己,又有异性朋友的人,比那些缺少朋友,或只有同性朋友的人的个性发展更完善,情绪波动小,情感丰富,自制力较强,心理健康水平较高,容易形成积极乐观、开朗豁达的性格。但是,男女生的交往在中学校园里,这仍是一个敏感话题,处理不当,不仅影响学习,也影响身心健康。

我想,在这样美妙的年龄阶段,大家的身边一定有许多美丽的故事在上演。今天,我也带来了一个发生在我身边的真实故事与大家一起分享。

二、案例分析,探讨情感处理方法

故事内容(用 PPT 展示):施雅是高一某班团支书,身材高挑,皮肤白皙,人长得漂亮,性格开朗、活泼。不仅如此,学习成绩也很拔尖。杨阳高大、帅气、阳光,他不但学习优秀,篮球打得也很好。在一次班级篮球联赛上,他们开始接触了,一位是拉拉队的队长,一位是篮球队的队长,随着比赛的进行,两人的了解也更深入了。不久以后,杨阳发现自己的脑海中时常会冒出施雅的影子,他总期待着看到施雅,但是真的看到她,自己又会很紧张。私下里杨阳会偷偷地关注施雅的一颦一笑。

提问:杨阳到底怎么了呢?

学生回答:他喜欢上施雅了。

提问:这种在日常交往中慢慢喜欢上对方的心理和行为正常吗?

学生回答:正常。

提问:杨阳现在遇到难题了,他发现自己喜欢上施雅了。他应该怎么办呢?

互动:老师给出表白、珍藏、其他,3 个选项,让学生用手上的彩色卡片来做出选择。

老师:现在我想听听大家选择的理由,请实话实说。

我们看看杨阳的选择是不是和我们一样呢?

故事继续(用 PPT 展示):一个月后,施雅收到一封杨阳的表白信。

讨论问题 1:高中阶段遇到两心相悦的爱情应该如何去选择?选择接受会如何?不接受又会如何?

人生每个阶段有每个阶段的主要发展任务,而且前一个阶段为后一阶段的发展做铺垫,比如青春前期和中期的主要任务就是学习和个人的发展,能不逾越就不去逾越,实在控制不了,那其他的任务都要围绕着这个主要任务。

提问:施雅的选择是什么呢?我们看看她的选择。

故事继续(用 PPT 展示):经过两天的思考,施雅做出了选择,决定拒绝他,回绝的理由是想好好的读书,因为她不能去伤害父母,她是家里的希望,她相信随着时间的推移,他们之间会没事的。

提问:被施雅拒绝了,杨阳会怎么做?(请同学们替杨阳做选择)

A. 继续纠缠

B. 觉得没面子,反目成仇

C. 尊重对方的决定

来看看故事里的杨阳是怎么做的。

故事继续(用 PPT 展示):当杨阳接到这封信时,如五雷轰顶,他不敢相信这是真的,他开始沉沦了,自暴自弃,不认真完成作业、和同学吵架、喝酒、抽烟。施雅看在眼里,痛在心里,她开始自责起来,认为都是自己的错,怪自己心太狠。正当她自责的时候,她收到了杨阳的信,信上说他确实很喜欢她,不能没有她,只要她愿意和他交往,他愿意互相鼓励,互相支持,好好地读书,并表示不影响她的学习。这封信让施雅又陷入了两难的境地……

讨论问题 2:假如对方用自我伤害(如自杀、自残)或威胁等其他的方式要求你和他(她)继续交往下去,你该怎么做呢?

在爱情的发展过程中,用自我伤害或威胁等方式来挽留爱情是不可取的。情感不能超越做人的原则。

忠告:遇到困难和问题,要知道寻找帮助,比如家长和老师。

提问:施雅的选择是什么呢?我们看看她的选择。

故事继续(用 PPT 展示):读完信后,施雅在想,如果能控制好不影响学习,那谈一下恋爱也没什么关系啊,于是就答应了杨阳和他交往。于是校园里、公园里、电影院里总能看到他们浪漫的身影,日子在甜蜜、幸福中慢慢地度过,爱情的温度也在逐渐升高。似乎一切都很美好。高二暑假的一天,两人在房间里面看照片,听着美妙的音乐,杨阳有了一种身体的冲动……

提问:这是一种什么冲动呢?杨阳是不是不正常了?(让学生来说说)

这是一种很正常的生理现象,受体内生理雄性激素的影响。是一种人类本能的反应。那么动物界有没有这种反应呢?孔雀在见到自己喜欢的异性会开屏,去释放体内的冲动。

那么人和动物有什么不同吗?杨阳该怎么做呢?(同学们再次替杨阳做选择)

A. 离开房间,去户外打羽毛球
B. 慢慢向施雅靠近,向她提出性要求
C. 为了保护施雅,以后避免待在引起自己冲动的环境

然而故事中的杨阳却选择了B,并提出"你不是一直说爱我吗,爱我你就证明给我看啊!"

讨论问题3:在这种情况下施雅应该怎么办?如果选择拒绝,女生可以怎么说或者怎么做呢?

参考拒绝方式:① 如果你真爱我的话,就要为我的健康和未来着想;② 你如果需要这样证明的话,只说明你还不够了解我;③ 我还没有做好心理准备;④ 我很传统,家教也不允许;⑤ 对不起,你的要求我很难接受。

提问:施雅的选择是什么呢?我们接着看故事。

故事继续(用PPT展示):然而施雅没有明智地选择拒绝。就这样,两个人发生了性关系,之后施雅流泪了,不知道原因的流泪,也许是为了自己一个时代的结束,也许是对未来的不确定,也许还有怕怀孕的担心。在杨阳的承诺下,施雅的情绪渐渐平静了一些。开学后,投入了紧张的高三的复习中去,似乎一切都朝着好的方向发展,但施雅渐渐地发现原来很准时的例假迟迟没来。

施雅怀孕了,因为在发生性关系前他们没有进行避孕措施,事后也没有采用补救措施。此时,她陷入了痛苦的抉择中……

提问:同学们,假如你是施雅,你该如何选择呢?

互动：选择流产的请举红色牌，选择把孩子生下来的请举绿色牌，有其他的选择的请举粉红色牌。

可见，此时无论选择流产还是生下来都是一种被逼无奈的选择。在爱情发展的过程中，如果不能自控或者无力承担由某种选择所带来的后果，那我们应该停止、延迟满足。然而，他们当时却没有。

施雅最后选择了流产，流产到底给她带来了哪些伤害呢？我们来看一段视频。

（播放视频《少女流产》）

故事继续（用PPT展示）：流产之后，施雅调养一段时间后，回到学校，精力、身体都大不如从前了，那年的高考以失败而告终。而自从这件事情发生后，杨阳的父母把他带到外地去读书了，两个人也没有再联系，但施雅从朋友那里打听到从前热情、开朗的杨阳现在变得很沉默。

提问：故事到这里就讲完了，曾经是那么光鲜、令人羡慕的一对，现在却变得如此暗淡、落寞。请大家思考一下事情发展到这种结局到底是谁之过？（让学生思考2分钟）

小结：是爱情发展过程中的人的选择之错，不同的选择就有不同的结果。

三、体验感悟，启发思考

这个案例给我们带来什么启发？

学生：（略）

男女同学之间适当交往有必要，可以在学习上互相帮助。如何正确交往呢？对这一问题，我们请专家提出一些建议。

四、专家建议：异性之间怎样正确交往

1. 要注意交往方式

在与异性交往的过程中要端正态度，培养健康的交往意识，淡化对对方性别的意识。青少年男女以集体交往为宜，课堂上的讨论发言,课后的议论说笑,课外的游戏活动等,为大家创造了异性交往的机会。使一些性格内向、不善交际的同学,免除了独自面对异性的羞涩和困窘;一些喜欢交际的同学,满足了与人交往的需要。每个人都融入了浓浓的集体气氛中。在集体中的异性交往,每个人所面对的是一群异性同学,他们各有所长,或幽默健谈,或聪明善良,或乐观大度,或稳重干练……这就使我们在吸收众人的优点的同时,开阔了眼界和心胸,避免了只盯住某一位异性而发展"一对一"的恋爱关系。集体交往,家长放心,老师支持。集体交往的形式各种各样,如兴趣小组、科技小组、学习小组等。集体活动也是丰富多彩的,如娱乐、游戏、竞赛、旅行、小发明、小制作等。

2. 要自然交往

在与异性交往的过程中,言语、表情、行为举止、情感流露及所思所想要做到自然、顺畅,既不过分夸张,也不闪烁其词;既不盲目冲动,也不矫揉造作。消除异性交往中的不自然感是建立正常异性关系的前提。自然原则的最好体现是,像对待同性同学那样对待异性同学,像建立同性关系那样建立异性关系,像进行同性交往那样进行异性交往。同学关系不要因为异性因素而变得不舒服或不自然,思无邪,交往时自然就会落落大方。

3. 要把握交往的尺度,与异性交往要适度

异性交往的程度和方式要恰到好处,应为大多数人所接受。既不为异性交往过早地萌动情爱,又不因回避或拒绝异性而对交往双方造成心灵伤害。当然,要做到为大多数人所接受有时也并不容易,建议你只要做到自然适度,心中无愧,就不必过多顾虑。对方约你一同参加某项活动,如听音乐、看电影、观画展、逛书市,这是正常的、公开场合的两性交往,完全可以大大方方地赴约。女孩子应端庄、坦荡,不使对方产生误解和非分之想;男孩子要沉稳、庄重,尊重对方。尽量减少单独在一起或避免单独在一起,以免造成不必要的误会。交往关系要疏而不远,若即若离,把握两人交往的心理距离,排斥让彼此感到过于亲密和引起心绪波动的接触。如果我们在交往中发现

对方的苗头不对,要调整自己的态度,使交往回复到波澜不惊、心静如水的状态。这样更有利于我们的成长。

4. 男女交往要真实坦诚

诚信是正常人际交往的基础。《论语》中,子曰:"吾日三省吾身:为人谋而不忠乎?与朋友交而不信乎?传不习乎?"自古以来,诚信就是一种美德,他使人与人之间充满真情,增进相互的信任。同学交往切记诚信为本。为防患于未然,对于抱着谈情说爱为目的的约会,最好婉言谢绝,让对方明白你的心思,放弃对你的追求。但要注意方式方法,不可伤害对方的自尊心。对于纠缠不休,甚至威逼诱吓的人,就要请家长、老师、同学、朋友们帮助处理了。只要把握与异性交往的尺度,诚恳对人,热情大方,自尊自重,便能处理好与异性的关系,以自身良好的修养和人品赢得异性的尊重和友情。

5. 要坚持高尚的道德情操

男女交往过程中,应注意分清男女有别,明确友谊与爱情之间的界限。首先,从个人角度来说,要有意识地培养自己的高尚情操,提高自己的文化修养,把注意力集中在学习和工作上,自始至终都要自尊、自爱、自强,避免庸俗腐朽的意识的影响;其次,要胸怀坦荡,光明正大,切不可因感情冲动而不顾男女有别,言谈举止要做到文雅庄重,避免脏话、粗话,不讨论只在同性面前才能讨论的话题;再次,对别人的交往不冷眼,不遏制,不捕风捉影,不制造流言。

孟子说:"敬人者,人恒敬之;爱人者,人恒爱之。"作为学生,要珍惜中学时期的美好时光,努力学习、努力创造、努力提高。

五、总结

爱情是甜蜜的,也是幸福的,要让爱情之花开得鲜艳,就要让它在恰当的季节开放,就要用心去呵护、用智慧去经营、用时间去培养。希望大家在面对爱情时能够理智地去做出你的正确选择。最后,祝大家在花开的季节,一路走好!

美丽青春,相由心生

上海市朱家角中学　陈海侠

【背景分析】

教育部关于印发《中小学心理健康指导纲要(2012年修订)》的通知中指出,对于中学生心理健康教育的主要内容是帮助学生加强自我认识,客观地评价自己,认识青春期的生理特征,帮助学生确立正确的自我意识。学校应将心理健康教育始终贯穿于教育教学全过程,全体教师都应自觉地在各学科教学中遵循心理健康教育的规律,将适合学生特点的心理健康教育内容有机渗透到日常教育教学活动中。要将心理健康教育与班主任工作、班团队活动、校园文体活动、社会实践活动等有机结合,充分利用网络等现代信息技术手段,通过多种途径开展心理健康教育。

高中生正处于青春期,处于认识自我并急于肯定自我的人生阶段。良好的外部形象也是他们自我评价的重要因素。于是,他们开始关注外部形象的方方面面,如长相、身材和皮肤,变得特别爱照镜子。女孩会嫌自己鼻梁太低或额头太窄,对于发胖更是有一种病态的害怕。男孩会担心自己不够高大,脸上长痘痘等,有些身材矮小的男孩甚至会有强烈的自卑感。青春期所特有的"体态意识"的烦恼,已成为困扰青少年的主要心理问题之一。

心理学家阿尔伯特·艾利斯倡导理性情绪疗法,其基本思想是:个体生来就具有理性和非理性两种倾向性,那些非理性的东西表现为非理性思维,即不合理思维,它会引发个体的情绪困扰和行为问题。因此,个体只要将不合理的思维方式转变成合理的思维方式,问题便迎刃而解了。本课将引导学生看到同龄人群中体貌烦恼的普遍性,建议学生改变不正确认知、调整心态、合理看待自己的体貌特征,学会悦纳自我。

【教学目标】

1. 认知目标

让学生认识到体貌烦恼的普遍性，了解产生体貌烦恼的原因。

2. 情感目标

通过学习吕燕的故事，激发学生美由心生的积极情感，学会欣赏自己，从而变得自信起来。

3. 行为目标

引导学生正确对待他人的评价，使学生学会从自我评价和外界评价中全面、客观地认识自我、悦纳自我。

【教学准备】

（1）提前做好班级学生关于体貌烦恼的问卷小调查。
（2）制作PPT课件。
（3）收集关于体貌烦恼的案例。
（4）准备超模吕燕视频资料。

【教学过程】

一、导入

同学们，你们正处于人生中最美的年纪，不知在日常生活中你们会有和下面视频中女孩一样的烦恼吗？接下来请大家认真观看视频《我要整容》并回答老师几个问题。（播放视频）

（1）视频中的女孩的问题是什么？
（2）她是什么时候开始关注自己的长相的？
（3）你对自己的长相有什么不满意的吗？

二、体貌烦恼的现状及原因分析

1. 调查结果展示

高中生长相满意度调查

1. 请你给自己的长相打一下分数
   A. 100　　　B. 80　　　C. 60　　　D. 60以下
2. 你认为男孩子最怕的是
   A. 胖　　　B. 矮　　　C. 青春痘
3. 你认为女孩子最怕的是
   A. 胖　　　B. 矮　　　C. 青春痘
4. 你为自己的长相自卑过吗？
   A. 有　　　B. 没有　　　C. 曾经有过，现在没有了
5. 你认为自己的哪个部位最漂亮？
   A. 眼睛　　　B. 鼻子　　　C. 身材　　　D. 其他
6. 你找另一半是首先考虑的是
   A. 漂亮的　　　B. 一般的　　　C. 其他（人品学识等）
7. 如果有人愿意出钱让你整容，你会
   A. 同意　　　B. 不同意　　　C. 看情况
8. 关于长相，你还有什么话要说吗？请写下。

展示教师对我校高中生做的长相满意度调查结果。

统计下来：90%以上的人曾有过不同程度的体貌烦恼。一般是男孩子怕矮，女孩子怕胖。

2. 讨论体貌烦恼产生的原因

提问：为什么进入16岁，大家会把注意力更多的放在关注自己的长相上？

教师预设和引导方向如下。

(1) 自我意识的发展，自我标准的改变。"被肯定"的需要。

(2) 片面放大自己的长相缺陷，如有的同学过于在意脸上的青春痘，整天拿着镜子照。

(3) 介绍艾利斯的ABC理论，正是由于许多学生存在很多不合

理的信念和观点,产生了一些烦恼和消极情绪。

三、如何面对自己的长相

1. 心理信箱里的两封来信

前不久,心理信箱就收到了两位同学的来信,下面让我们来一起读读,帮助写信的同学分析一下。

来信1:老师,您好!我是一个男生。近年来我好烦,我长得很白、很秀气,同学们都说我是女孩子,给我起了绰号"女人"。进入学校上课的第一天,就有一个坐在我前面的女生转回头和我说:"你的皮肤好好哦。"当时我就郁闷了,结果整节课都没用心听,烦恼死了,我怎样才能拥有一张粗犷充满男人味的脸呢?

——小强

来信2:老师,您好!我是一名高一女孩,一直不是很自信。前几天上体育课时,我班同学半开玩笑地指着一个也在上体育课的别班的一个很胖、头发乱糟糟的女同学说,你看,那就是你的翻版。当时我真的懵了,我觉得他们指的那个同学看起来像企鹅,头发蓬乱,邋遢,我惊呆了,真的不敢想象我在同学们的眼中居然是那种形象。于是之后我就开始不留刘海,把头发束得很高,以此改变在同学们眼中的形象。但是后来,我班同学又开玩笑说我天天顶着个大额头,背地里叫我"光明顶"。我真的被打击死了。老师,为什么我哪哪都不好呢?

——娟娟

小组讨论:找出写信同学的ABC(激发事件,对激发事件所持的信念、看法,情绪及行为反应)。看看他们是否存在对事件不合理的认识和解释。根据学生现场讨论情况,做适当的引导和点评。

2. 榜样激励:世界名模吕燕的事例

【视频】播放吕燕视频片段,学生认真观看。

学生:谈自己观看视频的感悟。

小结:用世俗的眼光看,吕燕毫无疑问是个丑女:小眼睛、柳叶眉、大颧骨、塌鼻梁、厚嘴唇、满脸雀斑,微驼背。她于1980年的春天,出生在中国江西德安一个银矿上,父亲是矿工,母亲没有固定工作,家里还有一个弟弟一个妹妹,生活过得很艰苦。然而,这个在山沟长大的女孩,凭借自己的努力,现在已是国际名模,定居纽约,走了一个又一个的T台,上了一个又一个的杂志封面,还有各式各样的产品代言。所以,一个人的美在于自己的自信,在于自己对自己的全然接纳,这才是由内而外散发出来的美。

3. 审查自我

(1) 自己眼中的我。

活动1:自我评价

写出自己的十个缺点、十个优点,并体验一下写缺点和优点时心里的不同感觉。并在全班交流感受。

是不是写缺点很容易,一下子就写出来了,但看了以后心里又不舒服;写优点显得有点难,写出来一看心里却有一丝满足感。要相信自己,肯定自己,这才是悦纳自我。

总结出自己的优点、缺点后,思考一下你对自己的评价真实、客观吗?通常,我们还需要借助他人的评价进一步对自己形成客观的、正确的看法。那么,我们不妨来听一听别人眼中的你是什么样的吧。

(2) 别人眼中的我。

活动2:优点轰炸

同学们都找出了许多自己的优点和长处,我们也有些优点和长处自己不知晓,却被人欣赏。看看别人是怎样欣赏你的,请同学们互相找优点和长处。

小组讨论:4~6人为一小组,每组同学逐个作为被欣赏的对象顺时针进行,某同学先说自己的优点或长处,然后其他同学给予补充、帮他找找他没认识到的优点或长处,请被欣赏同学自己记录在卡片上"你的优点"那一栏,卡片中"我认为"一栏先不填写。活动时请大家共同遵守以下原则:尊重、坦诚、开放、平等、团结。活动结束后,

交换角色重新开始,直到每个人都扮演过被欣赏的对象后为止。"优点轰炸"卡片如下:

```
              优 点 轰 炸
   姓名:          日期:
   你的优点:
       1._____我认为_____
       2._____我认为_____
       3._____我认为_____
       4._____我认为_____
       5._____我认为_____
       6._____我认为_____
       7._____我认为_____
       8._____我认为_____
```

活动3:缺点轰炸

俗话说"忠言逆耳利于行",经常给你提意见的朋友不一定不是好朋友,只有愿意指出你的不足的朋友才能和你相处得长久。

小组活动,每组同学逐个作为被轰炸的对象顺时针进行。要求:按规定的句式:"×××同学,如果你××方面做得好一点,我们会更喜欢你的。"不能诽谤、挖苦别人,一定要是善意的批评。"缺点轰炸"卡片如下:

```
              缺 点 轰 炸
   你的缺点:
       1._____我认为_____
       2._____我认为_____
       3._____我认为_____
       4._____我认为_____
```

5. _____我认为_____
6. _____我认为_____
7. _____我认为_____
8. _____我认为_____

小结：世界上的每个人都不可能十全十美，也不可能一无是处。重要的是我们要坚信：只要我们能够发扬优点，改进不足，我们可以做得更好，我们的生活会变得多姿多彩。不是烦恼太多，而是我们心胸不够开阔；不是幸福太少，而是我们还不懂得生活。快乐时唱支歌，忧愁时写首诗，无论父母给予我们怎样的容貌，生命总是美丽的。

面对考试,学会积极地心理暗示

上海市朱家角中学　陈海侠

【背景分析】

2012年12月7日,教育部印发了《中小学心理健康教育指导纲要(2012年修订)》。纲要中指出,高中年级心理健康教育的主要内容包括：掌握学习策略,开发学习潜能,提高学习效率,积极应对考试压力,克服考试焦虑。

现实中,高三学生面临高考、复习任务繁重,频繁经历各种月考、模考,往往会因为考试结果不理想,产生对自我的怀疑。考试焦虑是他们最显著的一个心理特征,一些学生还存在过度焦虑心理,需要进行必要的辅导。

有句外国谚语是"Confidence is the key to success."意思是"自信是成功的关键"。自信是个体对自身力量做肯定评价的一种心理状态,是一个人心理健康的重要标志之一,也是获得成功的重要因素。面对考试,心态很重要。首先要自信,多给自己一些积极的心理暗示。其次,要保持一颗平常心。认知疗法的一个观点是：知觉—情绪—成败,即人对自己从事工作的成败知觉(包括体验、态度、认识)会影响人的情绪,而人的情绪又会对自己从事的工作的成败产生重大的影响。如果学生注意力过多地放在考试的成败上,便有了患得患失之心,容易忽视学习本身,影响考试的发挥。在心理学上,人们把能够专注做好眼前每一件事,专注于过程的每一步,不患得患失的平常心态称为"瓦伦达心态"。"瓦伦达心态"已成为高考决战中的"必杀技",同时还需要激发他们去发掘自身内在的潜能,提升他们的自我效能感,使他们拥有自信,积极应对,这对他们当前的学习和生活将具有极大的意义。本课引入了"自我暗示"的概念,旨在对高三学生进行考试心理辅导,希望能在一定程度上帮助学生提高自信,助学生拥有更好的状态,以积极平和的心态勇敢地面对考试。

【教学目标】

1. 认知目标

引导学生认识学习中的高原现象,了解什么是心理暗示,认识到暗示有积极与消极之分。

2. 情感目标

通过让学生体验心理暗示的力量,激发学生勇于发掘自身资源的积极情感。

3. 行为目标

学会如何运用积极的心理暗示,保持"瓦伦达心态",坦然面对高考。

【教学准备】

(1) 搜集学生案例。

(2) 心理暗示正反面科学实例。

(3) 组织学生学唱歌曲《隐形的翅膀》。

【教学过程】

一、导入活动:我的高三印象

请同学们挑选出一种颜色,用它来象征你的高三印象,同时说出一个词来形容高三。你所选择的颜色和词必须是你对高三的第一印象,是由心而发的、最真实最深刻的感受。

活动:学生根据自己的内心,选择颜色,并说出自己对于高三最真实的感受。

小结:每个人对高考的体验和感受都不一样,但不可否认的是高考是一场心理战。中科院心理研究所王极盛教授连续5年对高考状元进行跟踪研究,发现在影响高考成功的20种因素中,最重要的因素是"考试中的心态",其次是考试前的心理状态,第三第四位才是学习方法和学习基础。在实力大体已成定局的时候,心理就成了决定因素,考试时水平是超常、正常还是失常,看的就是心理。据以往经验,高考前学生最容易出现的几种情绪是焦虑、疲惫和缺乏自信。尤其是付出努力却得不到回报时,更令人伤心、郁闷。今天就让我们来看一个高三学生案例,看看他遇到了什么情况。

二、认识学习中的"高原现象"

【案例1】小A,高三学生,成绩一直很好而且人缘颇佳,受到老师和同学的喜欢。但是最近一段时间,无论她怎样用功学习,成绩却没有任何提高,为此她的情绪很不稳定,与同学的关系也疏远了。父母为她担心,到处求医问药,还买来各种补品给她吃,但是情况仍然没有任何改善。

提问:你们出现过小A这样的情况吗?你们觉得原因可能是什么?

解读:每个好学的青少年都希望自己的学习成绩可以提高。但是学习成绩的提高不是无限的,有一种"高原现象"让很多勤奋的好学生苦恼。心理学认为,在技能形成的过程中,当练习到一定时期(常常是在练习的中期),成绩会出现停顿现象。如果用一条曲线表示的话,当练习的成绩在曲线上达到一定高度时,练习成绩不再随着练习次数的增加而上升,而是只保持在原有的水平甚至还会略有下降。因为这条曲线的形状像上部平坦的高原一样,所以心理学就把这种在练习曲线上出现的近于平缓的线叫做练习曲线上的"高原现象",也称为高原期。

大多数的心理学研究都认为"高原现象"可能由以下几个方面的原因形成的。

(1)原有学习方法已经陈旧,它最大的练习效能已发挥完毕。属于这种情况的,就应该改用新的学习方法,否则必将阻碍成绩的提高。

(2)长时间的练习,致使学生学习兴趣减弱。

(3) 长时间的练习,致使学生产生疲劳厌烦的消极情绪。

由于主观上练习积极性的降低,再好的学习方法也无济于事。还有的学生经过一段练习之后,觉得自己没有什么大的发展前途,淡漠了竞争意识,或者是灰心丧气,这自然不会提高学习成绩。"高原现象"会经常在中考和高考之前出现,越是临近考试,学生就越是感到时间的宝贵。倘若迟迟不见进步,学生就会有再学无用、空费时间的错误认识,从而放松甚至放弃进一步的努力。对于大多数学生来说,"高原现象"都是由学习方法不当,潜能得不到发挥造成的。

下面是一个简单的小测验,通过这个测验,你可以大致了解自己学习方法的运用情况。请根据自己的情况,如实地回答每个问题。每题有3个可供选择的答案,若选择"很少是",请在题号前写A;若选择"偶尔是",请在题号前写B;若选择"经常是",请在题号前写C。每题只选一个答案。

1. 特别关注老师平时授课时强化的内容。
2. 认真地把课堂笔记、课后作业和课文内容结合起来对照学习。
3. 充分关注老师所指定的课外参考资料。
4. 在平时学习或练习过程中,当遇到难题时,自己先动脑筋,积极探求,只有在迫不得已的情况下才去请教同学或老师。
5. 如果在平时作业或作文练习中有错误的话,及时纠正教师所指出的错误。
6. 在考试复习过程中,以提纲挈领的方式对考试内容加以系统整理。
7. 在复习过程中,拟一份复习时间与课程方面的计划表。
8. 把容易忘记或最为重要的内容放在复习阶段的后期。
9. 在复习迎考过程中,以自问自答或其他较为有效的方法来回忆课文内容,检查学习效果。
10. 在考试经历中,认为自己善于把握考试的重点与难点。

计分方法:选择A记1分;选择B记0分;选择C记-1分。将各题的得分相加,即是你的总分。你在这项测验上得分越高,就越能说明你常处于被动学习的状态,你的学习方法还有改进的余地。

小结:要克服"高原现象",首先就要找出自己的不足。为此,可对平时每次考试的得分情况分项进行详细记录,这样就可以看出自己对知识点和能力点的掌握情况,从而将自己的不足找出来。针对自己的"不足",找一些质量较高的并且有针对性的资料来训练和改正自己的弱项。在这方面,可多求助于老师,因为老师手里的资料一般都比较丰富,且老师的辨别力也要比同学们高得多。然后,安排一定时间,针对自己的不足进行定点训练。这个方法也就是查缺补漏,尽量减少自己知识上盲点,让学习上的"黑洞"尽可能的消除。根据心理学的规律,这一环节以1个月左右为宜,分3个阶段进行,每个阶段大约10天,其中前7天用于练习,然后选择一套难度适中、质量较高的综合试卷进行自测。这样就增加了学习的针对性,克服了盲目性,因而不仅增强了效果,节省了时间,又避免了大量无效劳动。

三、保持瓦伦达心态

下面再让我们来看一个案例,看看小B同学出现了什么问题。

【案例2】小B,高三女生,学习成绩较好,高一至高二一直是班里的第一名。进入高三以来,有两次考试失利,分别考到了第三名和第四名,为此深感其他同学进步太快,每逢考试就很担心自己不能考到第一名,这样会很丢脸,每当想到这些事情就会觉得偏头疼得厉害。平时小B会特别注意班里前几名的同学在干嘛,他们是否比自己学得用功。如果别人课间在认真学习,小B心里会说他们真的比我要用功呢;如果他们课间在玩,小B会说他们肯定是都掌握了。也就是说不管别人怎样,小B都觉得对自己有威胁。最近几次考试考前,她都会因头疼或身体不舒服而请假。

提问:小B的问题出现在哪里?

我们要更从容地面对考试,或许我们可以从下面的这则故事中得到一些启示。

瓦伦达是伟大的绳索平衡家,瓦伦达家族是一个世界知名的空中飞人马戏班,他们经常在钢索上做叠罗汉的表演。瓦伦达走钢索走了一辈子,他说:"我走钢索时从不想到目的地,只想着走钢索这件事本身、专心地走好钢索,而不去管这件事可能带来的一切。"所以他一直走得很好,除了最后一次,他从钢索上坠亡。事后他太太回想说,她知道这一次他一定会出差错,因为他不断地说:"这次太重要了,绝不能失败。"

后来,人们就把专注于事情本身、不患得患失的心态,叫做"瓦伦达心态"。

提问:瓦伦达的故事给我们留下了哪些启示呢?

学生讨论并分享体会:(略)

小结:可见,过度地关注名次、得失会分散我们的注意力,给我们带来沉重的压力。在高三的学习中,同学们也要保持一种稳定的心态,把注意力尽量放在如何掌握知识上,这样才能最大限度地提高自己的水平。

法拉第说:"拼命去换取成功,但却不期望一定会成功,结果往往会成功。"这就是成功的奥秘!另外,面对考试我们也要学会积极的心理暗示。

四、学会积极的心理暗示

心理暗示是生活中最常见的一种特殊心理现象。它是人或周围环境以言语或非言语的方式向个体发出信息,个体无意识地接受了这种信息,从而做出一定的心理或行为反应的一种心理现象。

1. 体验心理暗示

(1) 粉红色的大象。

现在请所有同学都闭上眼睛,从这一秒起,你不要去想象粉红色的大象,绝对不要去想粉红色的大象,记住了吗?一定不要去想那只粉红色的大象。

提问:请大家睁开眼睛,请问你刚才想的什么?

(2) 气球与铅球。

请每位同学起立一起做游戏：向前伸直双手，掌心朝上，并使双手保持在同一高度。现在在你的左手上放一个氢气球，你的右手上放一个铅球。闭上眼睛，伴随着音乐深呼吸，请慢慢地发挥你的想象。在脑海中静静地想象着，左手的氢气球在慢慢膨胀着，变得很轻很轻，气球越来越大，越来越来轻；右手上的铅球也在慢慢膨胀着，变得很沉很沉，你几乎快要托不动它……

提问：游戏结果后，你的左手和右手的高度有没有发生明显的变化？

小结：通过刚刚的两个活动，我们发现我们是很容易受到心理暗示的影响的。

2. 科学中的心理暗示

故事1：死囚实验

以一死囚犯为样本，对他说："我们执行死刑的方式是使你放血而死，这是你死前对人类做的一点有益的事情。"这位犯人表示愿意这样做。实验在手术室里进行，犯人在一个小间里躺在床上，一只手伸到隔壁的一个大间。他听到隔壁的护士与医生在忙碌着，准备对他放血。护士问医生："放血瓶准备5个够吗？"医生回答："不够，这个人块头大，要准备7个。"护士在他的手臂上用刀尖点一下，算是开始放血，并在他手臂上方放了一根细管子，让和体温相同的水顺着手臂一滴一滴地滴进瓶子里，让犯人觉得是自己的血在一滴一滴地流出。就这样滴了3瓶，他已经休克，滴了5瓶他已经死亡，死亡的症状与因放血而死一样。但实际上他一滴血也没有流。

学生讨论：他为什么会死呢？

小结：是"自己的血正在流淌，自己正在死去"的心理暗示置他于死地。消极的自我暗示→消极的心态→消极的结果。

故事2：罗森塔尔效应

1968年的一天，美国心理学家罗森塔尔和助手们来到一所小学，说要进行实验。他们从1～6年级中各选了3个班级，对这18个班的学生进行了"未来发展趋势测验"。然后,罗森塔尔将一份"最有发展前途者"的名单交给了校长和相关老师,并叮嘱他们务必要保密,以免影响实验的正确性。8个月后,罗森塔尔和助手们对那18个班级的学生进行复试,结果发现:凡是在名单中的学生,个个成绩都有了很大的进步,而且他们性格活泼开朗,自信心强,求知欲旺盛,乐于和别人打交道。

学生讨论:为什么会这样?

小结:心理暗示是无处不在的,受暗示性是每个人的心理特性。暗示有积极与消极之分,积极的暗示能够对人的心理、行为、情绪产生一定的积极影响和作用。消极暗示则会扰乱人的心理、行为以及人体的生理机能。因此,我们要发挥心理暗示的积极功能,减少消极暗示的影响。

3. 如何进行积极的心理暗示

教师播放视频《死亡爬行》,并总结心理暗示要点。

(1)言语暗示。

语言要精练。暗示的目的是为了调动潜意识的力量。但是,不能用复杂的语言进行描述,因为潜意识不懂得逻辑。应采用"我能行""我一定能成功""我会学会的""我一定能考出好成绩"等简单精练的语言进行暗示。

采用积极的暗示。在学习中,有的人对自己充满信心,相信自己"很快就能学会",有的人则缺乏信心,怀疑自己"根本学不会"。两种不同的心态,学习效果就大相径庭。前者属于积极的暗示,即使遭遇失败,也不当一回事,只把学得好的印象深深印在脑子里,结果可能很快就会了。而后者则属于消极的暗示,往往把失败的印象留在脑海中,这样学起来可能要花很长的时间和精力。因此,永远不要对自己说:我很笨;我根本学不会;我不可能成功;我麻烦了;我真糟糕;我绝对不行;我肯定会失败;我一定赢不了;等等。消极、负面的字眼会让你产生消极的暗示,导致消极的行为。如果你经常对自己进行积极的暗示,诸如"很快就能学会""我非常棒""我一定能赢",这样会让你产生积极的思维和行为。

目标可行。你的暗示语要有"可行性",令你心里不会产生矛盾与抗拒。也就是说,暗示语的选择,要考虑到是否符合自己的实际情况,是否经过努力可以办到。经过努力办不到的事情,就不要去暗示。如果你觉得"我在期末考试的时候排到班级前 20 名"是不太可能的话,选择一个你心里认同能够接受的目标,比如:"我争取比期中考试进步 10 名。"

肯定句。我们也许都有这样的经验,骑车时,看到前面有一棵大树,你不断告诫自己:"千万不要撞上去。"这时你可能就真的会撞上去。也就是说,你努力做到"千万不要撞上去",反而会由于"相悖意象"的法则而使你遭到失败。正确的想法应该是:"我一定能够绕过去。"这样才能进入你的理想状态。因此,应把你的暗示性语言"我不会失败""我不能失败""我不能考砸了""我不能生病""我不能自卑"等改为"我一定会成功的""我一定能考好""我很健康""我很自信"等积极性的语言。

反复刺激。刺激潜意识往往不是一次成功的,需要不断重复,并形成稳定的习惯。因此,每天晚上临睡前或早晨醒来,可用激励性的言语给自己进行积极的暗示,也可把重复性的信念写下来贴在或放在你每天都能经常看得见的地方,每天早晚大声地说出来或在心里默默地说 5~10 遍。

(2)想象暗示。

用想象的方式,在头脑中,塑造自己。想象自己成为了一个自己想成为的人。

参考情境:比如让一个羞怯畏缩的学生,想象自己在大庭广众之下轻松而镇静的活动,并且因此感到舒服;让一个和异性交往充满恐惧和焦虑的同学,想象自己轻松自如地在异性面前行动,有信心有勇气,并且因此感到开朗和自信。

现场练习:面对考试时,我们如何进行暗示。

(3)动作暗示。

照镜子,笑一笑,把头抬起来,用积极暗示的手势,如成功的手势、你很棒的手势、给自己力量的手势。如"我真的很不错"手势语(现场学习)。当然,我们最好是同时把言语暗示、想象暗示和动作暗示结合起来使用,那样效果会更好。

五、总结

心理暗示最重要的规律叫做重复,我们让那些鼓励自己的表情、语言、动作反复出现,就会使乐观的态度、坚定的情绪成为自我的主宰。积极的暗示就是你隐形的翅膀,让你在徘徊孤单中坚强,让你拥有希望和梦想,带你去飞,去翱翔。

最后,让我们一起高唱《隐形的翅膀》。望大家在面对考试时能够学会积极的心理暗示,让这双隐形的翅膀能带着大家飞向理想的彼岸,成就人生的梦想!

微笑面对高三

上海市朱家角中学　陈海侠

【背景分析】

2012年12月7日,教育部印发了《中小学心理健康教育指导纲要(2012年修订)》,其中指出,高中年级心理健康教育的主要内容中就包括:提高学习效率,积极应对考试压力,帮助学生进一步提高承受失败和应对挫折的能力,形成良好的意志品质。

学生进入高三,离高考又近了一步。许多经历过高三的学生会把高三描述为黑色高三,其言下之意高三是非常辛苦,生活暗无天日。在高三的学习过程中,许多高三学生不自觉地就会感觉压力扑面而来,每天神经紧张,面对自己的月考成绩更是分毫都会计较。同学们争分夺秒地去学习,甚至有的学生会选择喝咖啡、熬夜去给自己创造更多的时间,促使自己的学业有提升。在这种高压的氛围中,高三学生总是感觉很压抑,但缺少排解的方式和方法。高三学生应该以一种什么样的心态去面对学习生活呢?在复习备考的过程中,感觉压力很大该如何去应对呢?这些都是高三学生面临亟待解决的问题。本节主题教育课旨在对高三学生在压力调适方面进行辅导。

【教学目标】

1. 认知目标

认识到要理智对待学习压力,并明白学习过程的重要性,正确对待高考。

2. 情感目标

增强学生学习信心,激发学生以积极心态面对考试的真性情感。

3. 行为目标

引导学生学会利用积极压力来促进个人健康成长,学会消除不必要的压力,学会减轻过度压力和突如其来的意外压力常用的方法。

【教学过程】

一、破冰暖场,放松气氛

同学们,今天我们在这里开展以"微笑面对高三"为主题的心理辅导活动。在活动的开始,我们先来个热身小游戏,放松一下心情。热身活动的名字叫"大拇指"游戏。

具体操作:教师喊出大拇指伸出来,缩回去,向上,向下等各种口令。每个指令前有大拇指3个字时才需要执行,其他不执行。学生根据情况现场做反应。

小结:在刚刚的大拇指游戏中,我看到很多同学是很紧张的,生怕自己出错,但越是紧张却越更可能出错。其实在经历高三的过程中,我们也总会面临一些或多或少的压力。

二、站在压力线上

步入高三以后,每个人都很忙碌,学习的压力也很大。有的同学会恍然醒悟,原来认为漫长的高中生活已经走到最后一年,离高考的日子越来越近,一切感觉都没有准备好呢。但时间就是很无情的往前走,不管你是否完成了今天的学习任务,不管你情绪是否低落,根本不会因为你而停留片刻,让你感到疲于应付,没有任何喘息的机会,这时你会感到压力重重。那么,大家身上所承担的压力是怎样的呢?我们通过一个活动来把压力表达出来。

1. 压力线

以辅导室的一端为"压力零点",表示没有任何压力的状态。以辅导室的另一端为"压力满负荷点",表示压力非常大、严重影响学习生活、无法应对的状态。形成若干条"压力线"。

（请每个学生结合自己最近的情况,到达压力线上的某个位置。在站位的过程中,请大家做到关注自己的实际,不干涉别人,也不议论别人。）

2. 压力圈

每个人在白纸上画出自己的形象,然后在"自己形象"旁边画上一些圆圈,用圆圈的大小代表压力的大小。并把具体的压力来源填到圆圈里,要结合自己实际,体验到多少压力就画多少圈。

（学生填写"压力圈",教师强调保持安静、独立完成。教师走动巡视,关注学生填写的情况,引起学生对活动的重视。）

3. 分享感受。

(1) 你的压力源是如何带给你压力的？

(2) 你所感受到的压力它像什么？

(3) 面对这些压力,你有什么感受？你通常的反应是什么？

小结：教师根据学生的现场反馈做引导,并进行适当的总结。

三、对压力的最新研究

研究1：美国的一个研究者对年龄34～93岁的1 000人进行跟踪研究。研究前问这些被研究者两个问题：过去一年感觉压力有多大？过去一年,你帮助了多少朋友、邻居或社区的人？

研究结果发现：一般情况下,当人遇到很大的压力,死亡率会升高,但这个结论并不适用于所有的人。那些花很多时间去帮助他人的人,即便遇到压力很大的情形,死亡率仍不会随压力而升高。所以,关心他人能够抵御压力。

研究2：哈佛大学的一项研究,找一些人来进行压力测试。实验前告知被试,当你压力大的时候,你身体会出现两种反应：心跳会加快,呼吸会急促。但是这两种反应对你是有好处的,心跳加快会帮助你为下一步做准备,呼吸急促能为大脑提供更多的氧气。结果发现,这些被试在进行试验时,不那么紧张了,而且很自信。更神奇的是,发现他们身体的血管也在做相应的变化,普通情况下面对压力的人的血管会收缩,而这些被试将压力视为有利的情况下,在面对压力时他们的血管是正常的。这说明我们应改变传统对压力解读的方式:心跳加快→为下一步行动准备;呼吸急促→为大脑提供更多氧气。所以,视压力为有利条件时,你身体对压力的反应也会随之改变。

研究3:对3万人监测8年:每年的开始都问两个问题:过去一年感觉压力有多大?你认为压力会损害你的身体健康吗?

研究结果发现:那些认为自己上一年的压力很大,同时认为压力大会影响身体健康的人,死亡率增加了43%;还有一些人也认为自己上一年的压力很大,但是他们认为压力大对健康没有伤害,这些人的死亡率几乎没有增加,而且他们是3万人中死亡率最低的人群,他们甚至比那些没有感觉到压力的人死亡率还低。所以,你怎么看待压力很重要。

总结:你的观点和应对会改变压力对你的影响。

(1) 关心他人能够抵御压力。

(2) 当你改变对压力的看法时,你身体对压力的反应也会随之改变。

(3) 你怎么看待压力是很重要的。

四、游戏体验,轻装前进

把绳子拉直后放在辅导室中间,全体学生在距绳子30厘米处分两侧蹲下,双手分别紧握脚后跟。大家的任务是一次性跳跃通过绳子,而手脚不能松开,只能向前跳跃,不能滚动或者倒下,同时双手紧握双脚,不能放松。

活动1:按要求站好,教师发布口令。

蹲下!双手分别紧握脚后跟,教师再发布口令:跳!重复几次,等所有人都放弃后,让学生回到自己小组所在的位置围圈而坐下。

提问:通过刚才的活动,结合我们辅导的主题,你有哪些感想?

小结：面对根本无法做到的事情要学会放弃。

活动2：请在自己刚才填写的"压力圈"中，把不必要的压力"扔掉"。

（1）先分组讨论，再在全班内交流分享。

（2）教师根据学生的现场反馈做引导，并进行适当的总结。

活动3：体验放松，把压力吹跑。

1. 教师指导学生做好准备姿势

可以采用以下两种姿势。

（1）坐姿：坐在椅子上，身体挺直，腹部微微收缩，双脚着地，与肩同宽，排除杂念，双目微闭。

（2）站姿：双脚立地，分开，与肩同宽，双手自然下垂，排除杂念，双目微闭。

2. 教师引导学生进行放松性练习

把注意力集中在腹部肚脐下方，用鼻子慢慢地吸气，吸气的同时，想象气流从口腔里顺着气管进入腹部，腹部慢慢地鼓起来。吸足气后，稍微屏住一下（停顿3秒），以便使氧气与血管里的浊气进行交换。然后用口和鼻同时将气从腹部慢慢地自然吐出来，好像在轻轻地将所有的压力吹出去，口、舌、腭感到松弛。重复以上步骤，直到感到轻松为止。

这个练习每天可以做1~2次，每次10分钟。经过一段时间的训练，不仅可使人感到心情舒畅、放松，而且，在面临紧张的应激状态下，可以用此方法达到迅速解除压力，消除紧张的目的。

晚上回到宿舍则可以采用卧姿：平躺在床上，两膝分开20厘米，脚趾稍向外，双手自然地伸直，放在身体的两侧，排除杂念，双目微闭。

除此以外，可推荐学生使用体育运动，合理宣泄，转移与疏导，放松性练习，寻求支持和帮助等方式来减压。

五、总结

在生活中，我们难免会遇到各种压力。压力并不是一件坏事，适当的压力有助于我们动机水平的提高,让我们更好的发挥。过度的压力则需要我们去进行必要的调适。今天我们也学习了关于压力的一些最新研究,相信大家以后碰到压力,都能够很好地去排解。我们只要有这个信心,有这个决心,一定可以顺利走到最后的高考。

快乐？不快乐？
——换个想法，快乐自然来

上海市朱家角中学　陈海侠

【背景分析】

教育部关于印发《中小学心理健康教育指导纲要（2012年修订）》的通知中指出，心理健康教育的总目标是：提高全体学生的心理素质，培养他们积极乐观、健康向上的心理品质，充分开发他们的心理潜能，促进学生身心和谐可持续发展，为他们健康成长和幸福生活奠定基础。高中年级心理健康教育的内容主要包括：帮助学生确立正确的自我意识，树立人生理想和信念，形成正确的世界观、人生观和价值观，建议高中生进行积极的情绪体验与表达，并对自己的情绪进行有效管理。

现实生活中，高中生是一个特殊群体，他们年龄上已逐渐走向成熟，但学习和生活中许多事情会给他们造成冲击，情绪波动较大。学生出现的不良情绪反应如果得不到关注和及时疏导，就会影响正常的学习和生活，甚至会出现比较严重的心理问题。美国心理学家艾利斯认为：人的情绪不是由某一诱发性事件的本身所引起，而是由经历了这一事件的人对这一事件的解释和评价所引起的。情绪ABC理论中，A(Activating)表示诱发性事件。B(Beliefs)表示个体针对此诱发性事件产生的一些信念。C(Consequence)表示自己产生的情绪和行为对策结果。本节课希望学生通过体验与感受，充分认识积极情绪和消极情绪，通过案例分析让学生接受ABC理论，再通过调整认知观念的练习以及平时在实际生活与学习中的应用，使他们能够逐步掌握这种方法，并通过反复强化而形成一种调节情绪的习惯，期待对他们在情绪调节方面有所帮助。

【教学目标】

1. 认知目标

了解情绪是人的心理活动的重要表现,知道正负情绪的不同作用。懂得调控自己的情绪对于个人行为和生活的重要性。

2. 情感目标

激发学生做自己情绪的主人,在产生消极情绪时,有主动尝试去换一个积极的角度看问题的积极生活态度。

3. 行为目标

掌握情绪调节的有效方法,能够运用所学方法解决实际问题,在实际生活中克服消极的情绪,保持乐观、开朗的心境。

【教学准备】

(1) 准备"拷贝不走样"游戏活动卡片。

(2) 准备讲授积极情绪和消极情绪的故事。

(3) 换个想法看问题的课堂小练习。

【教学过程】

一、导入

同学们,今天让我们在正式开始之前先来做一个游戏,游戏的名字叫"拷贝不走样"。游戏规则:5名自愿的同学站成一排,脸朝一个方向。然后向第一位同学展示卡片,让他用表情或动作将该词表达出来,做给第二个人看,第二个人做给第三个人看,一直到最后一个,最后一个人来猜到底是什么词语。

活动1:游戏

派出5名自愿者,站成一排,按照游戏规则的要求,来参与游戏。

大家可以猜出这4张卡片上的内容是:喜、怒、哀、惧。而这也是我们人类最基本的4种情绪。今天我们就来看看我们的情绪。

二、认识情绪的作用

1. 生活中我们会有的情绪

青春的我们会有哪些情绪呢？下面，以老师课前采访的一名同学的一天生活为例，来看看大家一天中会有哪些情绪。老师说出左栏"我的一天"中的每一行内容，学生猜猜对应的"情绪的一天"是怎样的？

我 的 一 天	情 绪 的 一 天
5:50 又要起床了	痛苦
在食堂新鞋被踩了十次	懊恼、心疼
下课和同学大吹特吹	开心
上数学课	痛苦、害怕、高兴
英语默写还没背	紧张、从容
发现有人说坏话	气愤
终于结束了一天的学习	轻松、高兴

2. 情绪对我们的影响

看来大家对被采访同学的情绪判定非常准确，好像上面的事情就是发生在自己身上一样。那这些情绪到底在我们生活与学习中扮演着一个什么角色呢？下面，请大家讨论和分享一下你在积极情绪状态下和消极情绪状态下的表现分别是怎样的？

活动2：讨论问题

（1）当你心情好的时候，你会有什么样的表现？

（2）当你心情不好的时候，你会有什么样的表现？

学生先在小组内讨论和分享，然后每组推举一位代表来说说大家在不同的情绪状态下可能的表现。

小结：积极情绪能够激励行为维护健康，消极行为会阻碍行为危害健康。

三、认识消极情绪的危害性

请大家读读下面两个小故事,看看故事说明了什么。

活动3:学生阅读下面的小故事,分享自己的认识。

英国著名化学家法拉第,由于长期紧张研究工作,患头痛、失眠等症,经过多年医治,未能根除,健康每况愈下。后来,他请了一位高明的医师,经他详细询问和检查,医师开了一张奇怪的处方:没写药名,只写了一句谚语:"一个小丑进城,胜过一打医生。"开始法拉第百思不解,后来逐渐悟出其中道理,便决心不再打针吃药,而是经常到马戏团看小丑表演,每次都是大笑而归。从此他的紧张情绪逐渐松弛。不久,头痛、失眠的症状也消失了。这个故事说明了什么?

小结:由此可见,情绪与我们的健康有着密切的联系。经常开怀大笑有助于健康,而生气对健康的危害非同一般。所以,面对消极情绪,我们要选择去调控情绪。

四、掌握情绪调控方法

我们每个人都会体验到消极情绪,想一想,你在什么时候会心情不好?

在你心情不好的时候,你有什么方法来调节?

将学生的答案归纳:

1. 合理发泄

发泄情绪的方法有哭、睡觉、吃东西、生闷气、扔东西、唱歌、跳舞、倾诉、运动、打架、喝酒等,哪些是合理的? 哪些是不合理的?

2. 转移注意力

转移注意力是指将自己的注意力从引起自己消极情绪的事件转移开来,去做一些自己感兴趣的事。如听歌,做自己感兴趣的事情等。

3. 换个视角或想法

任何一件事,我们都可以从至少两个以上角度来进行评价。

下面,老师来讲一个老哭婆的故事。

古代有个老太太养了两个女儿,一个嫁给雨伞店的老板,一个嫁给洗衣店的老板。古代的洗衣店和雨伞店全都是靠天吃饭。为什么是靠天吃饭？洗衣店古代没有烘干机，天一下雨，就没法晒衣服了。所以一下雨就没人来洗衣服了。雨伞店当然也是靠天吃饭了。自从这两个女儿出嫁以后，老太太生活得非常痛苦。因为，一下雨她就担心洗衣店的生意就没法做了，天一晴就担心雨伞店的生意没法做了。所以不管晴天、雨天她都以泪洗面，久之，人们便唤她为"老哭婆"。有一天，她遇见一位老者，向他倾诉了她的心情，老者笑了笑向她说了几句话，她突然变得高兴了。请问这位老者向"老哭婆"说了什么话？

活动4：学生谈体会

老者的大体意思为："天晴的时候你家洗衣店发大财，下雨的时候你家雨伞店发大财，不管天晴下雨你家天天发大财。"

进一步引导：同样一件事，换一个角度去看，心情就会明显发生变化，当我们遇到烦心事的时候，能不能也学会换一个角度看问题呢。

小结：生活中，我们通常认为"某某事情使我产生了某种情绪"。其实，影响我们情绪的不是事件本身，而是我们对事情的看法。对同一件事，不同的人会有许多不同的想法。即使同一个人也会对同一件事有不同的想法。不同的想法则引起不同的情绪。因此，通过改变对事件的评价或想法，我们可以改变情绪。

活动5：体验"想法"决定情绪

请就以下事件，尽可能多地写出你的想法，并注明每一种想法下的情绪。

事件：你的好友说周末会找你去逛街，但整个周末他都没有和你联络。

想法1：_____ 情绪1：_____
想法2：_____ 情绪2：_____
想法3：_____ 情绪3：_____
想法4：_____ 情绪4：_____

每位同学在下发的练习纸上至少写出4种想法及对应的情绪，先在小组内交流分享,然后每小组选一名同学在全班交流分享。

教师举例分析:

想法1:这个人一点都不讲信用。　情绪1:讨厌、生气。

想法2:他/她根本不当我是朋友。　情绪2:气愤。

想法3:他/她可能突然有急事来不及通知我。　情绪3:谅解。

想法4:他/她不会是来找我时出了什么意外吧?　情绪4:担心。

小结:可见我们有很多调节情绪的方法,今天我们主要学习了通过改变想法来调节情绪,"怎么想会使我们产生不同的情绪"。情绪其实操控在我们自己手中,请大家记住:**换个想法,快乐自然来。**

活动6:让我们现场来试试

要是你的手指头扎了一根刺,那你应当高兴:挺好,多亏这根刺不是扎在眼睛里!

要是你有一颗牙痛起来,那你就该高兴:幸亏不是满口的牙痛起来。

要是你挨了一顿骂,那就该蹦蹦跳跳,叫道:我多么运气,总算没有打我!

要是你的朋友背叛了你,那就该高兴:多亏她背叛的是你,不是国家。

你该高兴,因为你不是拉长途马车的马,不是毛毛虫,不是猪,不是驴,不是臭虫……你要高兴,因为眼下你没有病魔的困扰,没有……

总之,换个想法,快乐自然来,希望大家每天都可以有个好心情。希望大家课后多加练习,可以找一找最近一次引起你心情不好的事,运用情绪ABC理论,尝试换个角度来调节情绪。

五、课后作业

找一找最近一次引起你心情不好的事,运用情绪ABC理论,换个角度来调节情绪。

我的生命态度

上海市朱家角中学 陈海侠

【背景分析】

教育部关于印发《中小学心理健康指导纲要(2012年修订)》的通知中指出,心理健康教育的主要任务是:全面推进素质教育,增强学校德育工作的针对性、实效性和吸引力,开发学生的心理潜能,提高学生的心理健康水平,促进学生形成健康的心理素质,减少和避免各种不利因素对学生心理健康的影响,培养身心健康、具有社会责任感、创新精神和实践能力的德智体美全面发展的社会主义建设者和接班人。高中年级主要任务就包括:帮助学生确立正确的自我意识,树立人生理想和信念,形成正确的世界观、人生观和价值观。人的生命可以分为这样几种形态:首先是生物性生命。即人是首先作为自然生理性的肉体生命而存在的,这一点是和自然界的广大生物一样的基本属性。其次是人的精神性生命。人不但要思考如何活下来,还要思考如何更好地生活。只要人在世界上存在一天,大脑就不会停止思考,人类就要创造、就要超越,就要更好地认识世界、改造世界。最后是人的价值性生命。每个人在一生中都要思考诸如"为何活着"的问题,这是人对于生命意义发自内心的追问,是人对价值生命的一种诉求。人的价值性生命为人的生存夯实了根基,加足了动力,从而使人更好地生存在这个世界上。我们的生命教育就是要让学生树立积极的生命态度,探索生命的意义。

现在的高中生都是"90后",优越的物质生活条件和浮躁、功利的社会大环境,使得他们一方面要面对激烈而无情的竞争,另一方面,快餐式的教育方式又使他们缺少对生命意义的理解和重视。高中生由于自我意识的迅速发展,对自身的探索也逐渐多了起来,迫切需要对其生命观进行积极的引导。本节课尝试对高中生从生命的价值，以及应该树立怎样的生命态度方面进行引导。

【教学目标】

1. 认知目标

引导学生认识生命的无价，能够客观评价生命态度。

2. 情感目标

帮助学生了解自己的生命态度，使学生乐于关注生命的态度，树立积极向上的生命情感。

3. 行为目标

引导学生用爱心经营生命，思考生命的方向，建立基本的价值观念，确定高中时期要做的事情，并落实在每天实际的行动上。

【教学准备】

（1）准备导入视频《一个女孩跳楼的全过程》。

（2）准备生命价值表。

（3）准备《怒放的生命》歌曲。

【教学过程】

一、导入：观看漫画《一个女孩跳楼的全过程》

提问：同学们，大家喜欢看漫画吗？喜欢看什么类型的漫画？为什么喜欢看漫画呢？

学生：（略）

有一天，我看到了一幅漫画，引发了我很多的思考，今天我把它带来与大家一起分享，请同学们看完之后跟大家一起分享自己的感受。

（课件出示漫画《一个女孩跳楼的全过程》）

学生交流：分享自己看完漫画后的感悟。

小结：漫画中跳楼的女孩在跳下前的那一刻认为自己是世界上

最不幸的人,可是在跳下之后才发现其实世界上还有那么多比自己更加不幸的人和事,然而因为对生命的轻视,她再也无法回头,因为人的生命不可逆转。

设计说明:生命的话题稍显沉重,通过漫画这个比较轻松的话题切入,学生比较容易接受,并且能够激发他们的参与兴趣,更有利于学生打开心扉。

二、生命估价

生命是珍贵的,生命是不可逆转的。那么我们的生命到底价值几何?请你对以下你生命中的重要内容进行估价(价格为0~10 000之间),填入下表,还可以加上你认为重要的内容。说明:这里的价格并不是指具体的价钱,而是一个象征性数字,数字越大表明越重要。

我的生命价值表

项 目	估 价	项 目	估 价
健康		爱心	
快乐		礼貌	
友情		诚实	
自由		信用	
美貌		感恩	
学业		学识	
能力		名誉	
智慧		家庭	

生命总价:

教师将上述"我的生命价值表"下发给每位学生。学生填写"我的生命价值表",对表格中的内容进行估价,并补充自己认为重要的内容,最后算出自己的生命总价。填完之后全班分享。

提问:你的总估价是多少?哪3项内容是你估价最高的?你补充的内容是什么?

请根据自己当前内在的价值观对价值表中的内容进行估价,并对价值表中没有的,且自己认为重要东西进行补充。

追问:你确定生命中重要的内容都补充完整了吗?

小结:我也完成了一张"我的生命价值表",可是却发现我要补充的内容太多了,表格不够用!下面跟同学们分享一下我补充的部分内容:爱情、幸福、和谐、安全、奉献、宽容、感动、心情、成就、学习、时间、阅读、旅行、听音乐……我想,随着时间的推移,还有更多的内容会出现在我的脑海里,所以,我不知道我的生命价值到底等于多少。你们能帮我计算一下吗?

期待有学生回答:等于无价或者无穷大。

提问:现在,同学们能告诉我,你的生命价值到底等于多少吗?

学生:无穷大。

课件出示:生命无价。

设计说明:引发学生对生命价值的思考,引导学生得出生命无价的结论,强调自身的生命价值观,为进一步深入讨论、思考生命态度做好准备。

三、生命银行

生命无价,在拥有无数种可能的生命中,不同的人选择了不同的生命态度,不同的生命态度导致了不同的人生。请看下面的4位年轻人是如何度过自己的一生的。

1. 生命选择

4个20岁的青年去银行贷款。银行答应借给他们每人一笔巨款,条件是他们必须在50年内还清本利。

第一个青年想先玩25年,后面的25年再努力偿还。

第二个青年用前25年拼命的工作,45岁时还清了所有欠款。

第三个青年工作到了70岁,终于还清了债务,没过几天他就去世了。

第四个青年工作了40年,60岁时他还完了所有的债务。

假如是你,你会选择哪一种活法?为什么?

请每一位同学在小组内阐述自己的选择和理由。

提问:请愿意分享的同学发言,与全班同学分享自己的选择和理由。

2. 生命思考

4个年轻人做了自己的选择之后,踏上了各自不同的人生,我们来看看最后的结果将会怎样。

第一个青年活到70岁,他一事无成,死去时仍然负债累累。他的名字叫"懒惰"。

第二个青年在还完欠款的那一天就累倒了,不久,他就死了。他的骨灰盒上挂着一个小牌子,上面写着他的名字:"狂热"。

第三个青年还清了债务之后,没过几天也去世了,他的死亡通知书上写着他的名字:"执着"。

第四个青年在生命的最后10年成了一个旅行家,地球上的多数国家他都去过。70岁死去的时候,他面带微笑。人们至今都记得他的名字——"从容"。

当年贷款给他们的那家银行叫"生命银行"。

提问:

(1) 看完他们的结果之后,你将如何改变你的选择?

(2) 如果还有其他选择,你的生命态度将是什么?(请学生对照"生命价值表"来回答)

学生先在小组内分享,然后全班分享。

四、总结

人生就是一种选择,选择放弃,选择追求,选择面对,不论怎样选择,都是生活航标中的历练;生活就是一种经历,经历风雨,经历演变,经历坎坷,不论怎样的经历,都是前进旅程中的考验;旅程就是一种挑战,挑战耐心,挑战新鲜,挑战玄机,不论怎么挑战,都是人生旅程中的磨炼。这就是人生。

生命是一个过程,它与时间一样,不可逆转。我们的生命态度决定了我们每一天的选择。什么样的选择决定什么样的生活。今天的生活是以前我们选择决定的,而现在我们的选择将决定今后的生活。所以,希望我们每位同学,思考高中时期自己最重要的是什么,做好自己人生的规划和选择,让自己活成自己想要的样子,让自己的生命放出光彩。

组织全体同学围成一个大圆圈,师生手拉手合唱《怒放的生命》,结束本次主题辅导活动。

(合唱歌曲《怒放的生命》)

单元五

职业探索指导

对每一位高中生来说,高考毕业后的去向,无疑是其人生中的一次重大抉择。指导学生掌握大学专业、职业与就业等相关信息的收集方法;鼓励学生利用社会资源,探索适合自身的职业方向;引导学生思考不同社会角色所承担的责任,认识到人生价值和意义;引导学生结合自身实际情况,尝试进行生涯规划。本单元主要包含职业信息、职业体验、价值观念和生涯规划4项内容。

规划人生,演绎精彩

上海市朱家角中学　姚丽英

【背景分析】

当前我国职业生涯规划十分缺乏。教育部教育发展研究中心所做的一项针对高三学生的调研显示,高三学生对高考志愿中专业的了解程度为"一小部分"和"全不了解"的比例加起来高达 75.2%。

我国的职业生涯规划教育在高校已经普遍展开,称为"大学生职业生涯规划与就业指导",而在中小学则几乎没有对学生进行过职业生涯教育。在其他国家,特别是美国、德国等职业系统非常规范和发达的国家,通过职业模拟、看录像、实际尝试操作等方式使孩子从小就对自己有一定的了解,可以瞄准目标进行发展。在学校里也有专门的职业指导课程,而职业测评更是铺天盖地。职业规划早做一些,对个人的发展定位就能够准确一些。

生涯规划对中学生特别重要,因为他们在从学校过渡到工作世界的过程中,要面对很多和事业相关的选择,包括升学的选择、兴趣培训的选择、以后职业的选择。能够有效地规划自己的人生是青少年学生的一个重要成长任务。社会竞争日趋激烈,"预则立,不预则废",生涯规划显得十分重要,其前提是正确认识自我。因此,高一学生就应当制定符合自身实际情况的生涯规划,选择满足社会发展需要和自己有兴趣的专业,进入大学以后还要重新认识自我,调整自己的生涯规划,并积极作好知识、技能、思想、心理诸方面的准备,努力实施生涯规划。

【教学目标】

(1) 认识到人生规划的重要性。

（2）引导学生在道德品质、人格修养、知识能力和心理素质等方面为以后走进职场，走向社会做好充分的准备。

（3）通过借鉴，学会如何合理规划人生。

【教学准备】

（1）多媒体课件。

（2）性格小测验。

（3）分阶段计划空白表格。

【教学过程】

一、导入

西方有句谚语："如果你不知道你要到哪儿去，那通常你哪儿也去不了。"我们的生活是忙碌的，忙碌中又往往充满了迷茫。向左走？向右走？有的时候，我们确实需要停下来，做好了准备再前进，也许会收到事半功倍的效果。人生之旅由选定方向开始。你是否为你的将来做好了选择呢？

二、我是谁（认识自我）

从兴趣、特长、性格、价值观、品德、能力等方面深入认识自我。通过优势分析（曾经做了什么，学会了什么，最成功的是什么，为什么成功）和弱势分析（性格弱点，教训或经历中所欠缺的，最失败的是什么，为什么失败等）全面认识自己的优势与不足。

步骤1：自己兴趣爱好大盘点。请同学们写下自己在学习、运动、艺术、生活等方面的兴趣。

步骤2：自己优势和劣势盘点。将学生分成小组，先由本人列举自己优势和劣势，然后其他同学进行补充，使学生对自我的认识更加全面而客观。

步骤3：生活中成功经验和失败教训的盘点。在小组内大家交流自己最成功的是什么，为什么成功？最失败的是什么，为什么失败？

三、我想做什么？（制定目标）

1. 确立目标

确立目标是职业生涯设计的关键。通过制定目标,有助于排除不必要的犹豫,一心一意致力于目标的实现。目标的设定要以自己的最佳才能、最优性格、最大兴趣、最有利环境等信息为依据。目标分短期目标、中期目标、长期目标和人生目标。短期目标一般为1～2年,中期目标一般为3～5年,长期目标一般为5～10年,人生目标一般为终生。

2. 完成小测验

测试最适合你的职场领域

你参加了世界景观惊奇之旅,其中一项活动是让你站在一扇特殊的窗户前面,按下按钮之后就可观赏到你从未见过的景观,你希望看到的是下面哪一样？

A. 充满挑战的崎岖山路
B. 任何和食物有关的景色
C. 一片绿油油的草原风光
D. 海天一线的远眺美景
E. 任何和树木有关的景色
F. 有繁星点点的黑夜

【答案解析】

选择A：千里马——目标坚定勇往直前！

你早已为自己的人生订好完美的目标,并且会全力以赴去实践,所以无论身处在什么样的环境,都能有一番令人羡慕的成就。适合你发展的领域是计算机、贸易、金融、出版、新科技等。

选择B：快乐猪——人生以HAPPY为目的！

你觉得自己只是在做一些自己想做的事而已,人生的哲学就是"精神重于物质,开心就好！"适合你发展的领域是创意、艺术家、室内设计、美容、烹饪等。

选择C：勤劳牛——脚踏实地勤劳第一！

你只要把分内的工作完成,就觉得愉悦满足。你的执行能力很强,还有难能可贵的责任感。你适合发展的领域是秘书、行政、教育、专业技术人员、运动员等。

选择D:悠游鸟——自由追求新鲜!

你的反应力、社交能力一级棒,如果能每天接触不同的新鲜事或认识不同的朋友,会让你的人生更有意义。适合你发展领域是传播、演艺、推销员、公关、旅游等。

选择E:聪明猴——聪明但没耐性!

你总是能擅用自己的优势,让别人不自觉地喜欢、肯定你。虽然有时候会显露出不耐烦,但是无损于你的好形象。适合你发展的领域是新闻、律师、政治等。

选择F:神秘猫——忽冷忽热超级情绪化!

你对人总是忽冷忽热,凡事都依你的心情而定,做事情掌控权必须在自己手上。适合你发展的领域是心理分析师、作者、自由职业等。

四、我应该怎样做?(确定方案)

正如一场战役需要确定作战方案一样,有效的生涯设计也需要有切实可行的策略方案。确定行动方案,会使我们的工作、学习以及各种行动沿着预定的职业生涯方向前进,帮助我们一步一步走向成功,实现目标。中学生应该开始考虑从整体上规划自己的人生,目的是提高自己的综合素质,为未来的职业发展做好知识和能力的准备。

步骤1:目标一级分解——在中学要准备什么。

把目标细化为5个方面:思想品德、学业成绩、组织能力、行为习惯和心理素质。

步骤2:目标二级分解——具体方向。

1. 思想品德最重要:培养诚信、责任、感恩、爱心、自尊、自信等品德。

2. 学业成绩要达标:关注每一阶段的学习目标达成度。

3. 组织能力不能少:争取在班级和学校的各种岗位上锻炼自己

的组织能力和工作能力。

4. 行为习惯培养好：养成整洁、守时、阅读、运动等良好的习惯。

5. 心理素质要提高：从认知水平、情感性格、意志品质、气质修养等方面锻炼自己。

步骤3：目标三级分解——学期、学年安排。

步骤4：目标细化——每天、每周、每月的具体行动并落实。

步骤5：根据各个阶段的目标达成情况不断评估、修正和更新目标。

最终完成下列表格。

班　级		姓　名	
我最终的理想			

实现理想需要做好的准备有：

我高中三年的计划如下：

不同时期	我的计划
高一	
高二	
高三	

五、开始行动

开始行动，这是所有生涯设计步骤中最艰难的一步，因为如果动机转换不成行动，动机终归只是动机，目标也只能停留在梦想阶段。

小组讨论：追求卓越职业人生的必备素质及克服困难的办法。

出示挖井"漫画"：一个人在一个地方挖井，每次挖到几米深还不见水的时候，他就扛起锄头离开换一个点开挖，就这样挖来挖去，直到挖了99口"井",他依然没有看见一滴水,终于放弃了在这个地方挖井的想法。后来又有一个人,他在前面那个人挖的一口"井"里看到了一些湿润的泥土,于是就在原地继续挖,很快便挖出了一口真正的井。

启示:在职业生涯规划中,职业定位就好比选准一个地方,认定底下有水,然后坚持挖下去,有恒心才能获得职业生涯的成功。如果这边挖个坑那边挖个坑,最后只能挖到职业的坟坑。

(师生一起归纳立即行动的方法)

1. 从现在做起

现在应该做什么,就马上动手,需要什么条件,就设法创造什么条件,干起来再说。至于干当中存在的问题,在干当中解决。也就是遇到问题,解决问题;遇到困难,克服困难。这是实现人生目标的重要一步。

2. 今日事今日毕

因为职业生涯目标有短期目标、中期目标和长期目标。短期目标又分为日目标、周目标、月目标和年目标。日目标的完成情况如何,直接影响周目标,周目标影响月目标,月目标影响年目标,年目标影响短期目标,以此类推,最后影响到长期目标。所以,一个人要想实现自己的生涯目标,就必须从当日做起,当日的事情当日完成。

3. 克服困难,持之以恒

前进的道路并非平坦大道,要实现自己的生涯目标,就要敢于克服困难。有些人在行动当中,顺利时干得很起劲,精神百倍,趾高气昂。一遇到困难,马上就如同泄了气的皮球一样,垂头丧气,意志消沉,怨天尤人,牢骚满腹。埋怨命运不佳,条件不好,别人不配合等。总之,事情干不成,都是别人的原因。有了这些原因,也就找到了干不成的理由。此时,可以心安理得地不干了,职业生涯发展也就终止了。一个人要想获得事业的成功,必须具有敢于克服困难,敢于拼搏,坚持到底的精神。

六、总结

同学们,人生需要规划,人生应该规划,人生可以规划。你无法为出生负责,但你一定要为自己的人生负责。生命是属于你的,你应该根据自己的愿望去生活。人生规划,规划人生,只要心中的火不灭,展开的翅不折,就一定能走出生活的沼泽;只要心中的帆不落,燃烧的热情不灭,就一定能走好自己的人生路。合理规划自己的人生,让我们一同来演绎精彩的生活吧。请记住:有目标的人生叫航程,没有目标的人生叫流浪。

【教学反思】

(1)通过职业生涯规划班会课的学习,大部分学生明确了个人未来的切实可行的奋斗目标。每一个人都知道自己适合做什么,应该做什么,以及怎样实现自己的目标,自我定位,规划人生。职业生涯规划增强了他们发展的目的性与计划性,提升成功的机会。

(2)职业生涯规划有利于学生更好地了解自己,进行自我定位。职业生涯规划引导中学生对其个人职业生涯的主客观因素进行分析、总结和测定,正确认识自身的个性特质,发现现有与潜在的资源优势,帮助他们重新对自己的价值进行定位,引导他们评估个人目标与现实之间的差距,树立与自己主客观条件最匹配的职业定位。

(3)职业生涯规划可以提升应对竞争的能力。通过职业生涯规划,了解和认识自己之后,可以使学生学会如何运用科学的方法采取可行的步骤与措施,有针对地学习,参加各种相关的培训、学习和实践,充分发挥个人的长处,努力克服弱点,挖掘潜在的能力,不断增强他们的竞争力,从而实现自己的人生目标与理想。

树立目标，跳一跳够得着

上海市朱家角中学　蒋　磊

【背景分析】

现如今,生涯规划教育的缺失已经严重拖累了多元人才的发展与培养。我国中学生的生涯规划教育依然任重道远：中学生高考专业选择盲目、大学生对所选专业不满意、毕业生就业年年创新低……开展生涯规划教育已经刻不容缓。

所谓中学生职业生涯规划,就是让中学生尽早认识自我、认识职业、认识教育与职业的关系、学会职业决策,从小根据自己感兴趣的职业目标,从知识、技能和综合素质方面锻炼自己的职业竞争力。我校的高一学生职业生涯规划情况如何？首先,我对高一学生开展了一个问卷调查,从自我认知、职业认知、家庭情况和学校指导4个方面进行了有关职业生涯规划情况的调查,调查后发现：总体来说,有17%的学生对自己的性格、兴趣、爱好不是很了解,有22%的学生在高中的学习生活中目标模糊或没有明确的目标,有3%的学生从来没有生涯规划意识。但是有89%的学生认为职业生涯规划对于正在就读高中的我们比较重要或者非常重要,还有83%的学生对职业生涯规划比较感兴趣或非常感兴趣。可见,在我校高一学生中,开展生涯规划主题教育是非常有必要的。

本次主题教育课围绕学生职业生涯规划展开,通过帮助学生认识自我、分析自我到完善自我的过程,培养学生认识到自我规划的重要性和必要性,培养他们对自己未来的规划意识,让学生了解到生涯的目标对于生涯的影响和指导的作用,从而认清自我,制订目标,规划未来,并增强学习的动力,向着既定目标,脚踏实地、全力以赴地前进。

【教学目标】

1. 认知目标

知道什么是职业生涯规划,认识生涯规划对人生发展的重要性。

2. 情感目标

通过人才招聘的微信展示,学生认识到竞争的激烈与奋斗的必要性,增强学习的动力。

3. 行为目标

通过霍兰德职业代码的测试,使学生更好地认识自己,为自己制订奋斗的目标。

【教学准备】

1. 制订《高中生生涯规划调查问卷》并开展问卷调查。

2. 用饼状图处理我校高一学生生涯调查问卷的数据结果,了解我校高一学生的生涯规划情况。

3. 制作生涯规划主题教育课的PPT。

【教学过程】

一、导入

情景:人才市场的现状

展示一则真实的信息:2013届我校毕业生求职清河湾初中化学老师时,遇到10个博士、6个硕士、17个本科共同竞争一个岗位——2017届求职的残酷与无奈。

二、目标规划,至关重要

1. 哈佛大学关于目标对人生影响的调查

哈佛大学有一个非常著名的关于目标对人生影响的跟踪调查。该项调查的对象是一群智力、学历、环境等条件都差不多的年轻人,调查结果发现:27%的人,没有目标;60%的人,目标模糊;10%的人,有比较清晰的短期目标;3%的人,有十分清晰的长期目标。

25年的跟踪调查发现,他们的生活状况十分有意思。

- ◆ 3%——几乎不曾更改过自己的人生目标。25年后,他们几乎都成了社会各界顶尖成功人士,他们中不乏白手创业者、行业领袖、社会精英。
- ◆ 10%——大都生活在社会的中上层。其共同特点是那些短期目标不断地被达到,生活质量稳步上升。他们成为各行各业不可缺少的专业人士,如医生、律师、工程师、高级主管等。
- ◆ 60%——几乎都生活在社会的中下层面。他们可以安稳地生活与工作,但普遍认为生活平淡缺乏意义,而且都没有什么特别的成绩。
- ◆ 27%——几乎都生活在社会的最底层,生活都过得很不如意,常常失业,靠社会救济,常常在抱怨他人,抱怨社会。

可见,树立目标、制定规划是多么的重要。有目标的人生叫航程,没有目标的人生叫流浪。

2. 目标

提问:你的目标是什么呢?

(学生回答略)

3. 规划

提问:人生需要规划,什么是生涯规划?

a. 生涯:就是人生命的历程。

b. 生涯的特点:生涯是有方向性的、生涯的发展是一个连续不断地过程。

c. 生涯规划:就是对自己的人生进行规划。

三、审视当下,自我剖析

1. 问卷调查

调查问卷的结果:共发放问卷36份,回收36份。从自我认知、职业认知、家庭情况和学校指导4个方面进行了有关职业生涯规划情况的调查,具体见下图。

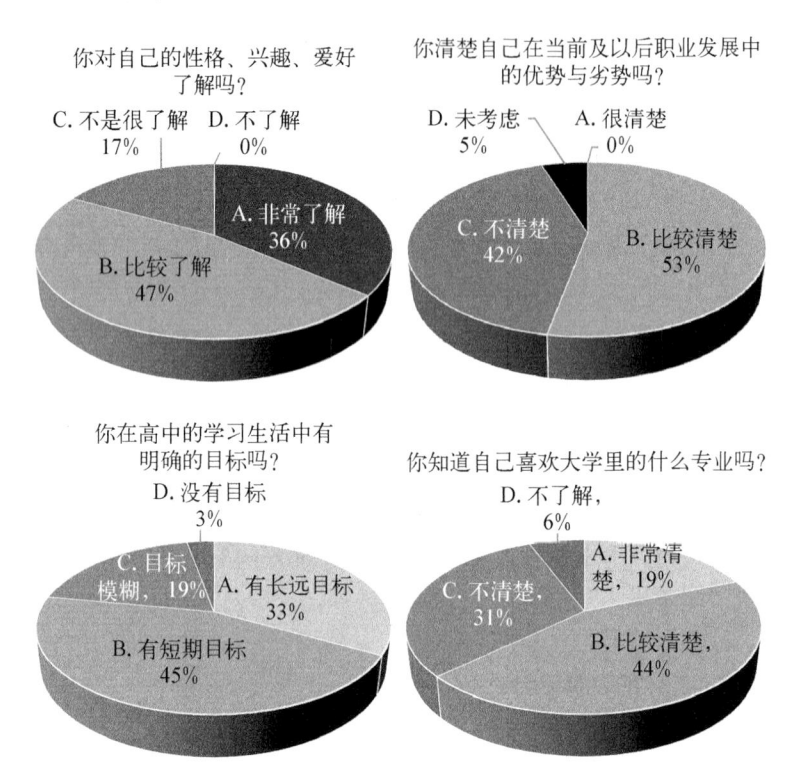

你对自己的性格、兴趣、爱好了解吗?
- C.不是很了解 17%
- D.不了解 0%
- A.非常了解 36%
- B.比较了解 47%

你清楚自己在当前及以后职业发展中的优势与劣势吗?
- D.未考虑 5%
- A.很清楚 0%
- C.不清楚 42%
- B.比较清楚 53%

你在高中的学习生活中有明确的目标吗?
- D.没有目标 3%
- C.目标模糊 19%
- A.有长远目标 33%
- B.有短期目标 45%

你知道自己喜欢大学里的什么专业吗?
- D.不了解 6%
- A.非常清楚 19%
- C.不清楚 31%
- B.比较清楚 44%

结果分析:有17%的学生对自己的性格、兴趣、爱好不是很了解;有42%的学生对自己当前及以后职业发展中的优势与劣势不清楚;有22%的学生在高中的学习生活中目标模糊或没有目标;有37%的学生对于自己喜欢大学的专业不清楚或不了解;有36%的人对自己将来想从事怎样的工作不清楚或未考虑;有83%的学生对职业生涯规划比较感兴趣或非常感兴趣;有53%的学生对自己的未来有一点点规划,还有3%的学生从未想过自己的未来;关于生涯规划的重要性,有89%的学生认为比较或非常重要。

可见,有一部分学生对自我的认识不够,生涯规划意识薄弱,学习动力较弱,但是大部分学生都觉得生涯规划对正在读高中的我们很重要,对生涯规划很感兴趣。

2. 强调树立目标的重要性

展示一组图片:有的学生对目标很茫然;有的学生对树立目标不感兴趣;有的学生觉得目标离我们很遥远,到时候再说吧;有的学生觉得反正我都是听父母的,树立不树立目标无所谓的;有的学生丢三落四的,觉得树立不树立目标无所谓等。

学生讨论,教师引导并再次强调树立目标的重要性。

3. 小测试

下面的小测试可以帮助你找出你比较适合的职业,但一切根据自己的实际情况而定。

如果有机会让你到以下6个岛屿旅游,不用考虑费用等问题,你最想去的是哪个?可以按照喜欢程度选出3个。

A岛:美丽浪漫的岛屿。岛上充满了美术馆、音乐厅,弥漫着浓厚的艺术文化气息。同时,当地的原住民还保留了传统的舞蹈、音乐与绘画,许多文艺界的朋友都喜欢来这里找寻灵感。

I岛:深思冥想的岛屿。岛上人迹较少,建筑物多僻处一隅,平畴绿野,适合夜观星象。岛上有多处天文馆、科博馆以及科学图书馆等。岛上居民喜好沉思、追求真知,喜欢和来自各地的哲学家、科学家、心理学家等交换心得。

C岛:现代、井然的岛屿。岛上建筑十分现代化,是进步的都市形态,以完善的户政管理、地政管理、金融管理见长。岛民个性冷静保守,处事有条不紊,善于组织规划。

R岛:自然原始的岛屿。岛上保留有热带的原始植物,自然生态保持得很好,也有相当规模的动物园、植物园、水族馆。岛上居民以手工见长,自己种植花果蔬菜、修缮房屋、打造器物、制作工具。

S岛:温暖友善的岛屿。岛上居民个性温和、十分友善、乐于助人,社区均自成一个密切互动的服务网络,人们多互助合作,重视教育,弦歌不辍,充满人文气息。

E岛:显赫富庶的岛屿。岛上的居民热情豪爽,善于企业经营和贸易。岛上的经济高度发展,处处是高级饭店、俱乐部、高尔夫球场。来往者多是企业家、经理人、政治家、律师等,衣香鬓影,夜夜笙歌。

简单来说,A岛:美丽浪漫的岛屿。I岛:深思冥想的岛屿。C岛:现代、井然的岛屿。R岛:自然原始的岛屿。S岛:温暖友善的岛屿。E岛:显赫富庶的岛屿。学生的选择分别代表了不同的兴趣和未来可能更适合自己的发展方向。

认识自我后,我们需要思考制定怎样的人生目标。

【答案解析】

选择R岛:实用型(Realistic)

喜欢的活动:从事事务性的工作,喜欢户外活动或操作机器,不喜欢在办公室工作。

喜欢的职业:制造业、渔业、野外生活管理业、技术贸易业、机械业、农业、技术、林业、特种工程师和军事工作。

选择I岛:研究型(Investigative)

喜欢的活动:处理信息(观点、理论),喜欢探索和理解,研究那些需要分析、思考的抽象问题。喜欢独立工作。

喜欢的职业:实验室工作人员、生物学家、化学家、社会学家、工程设计师、物理学家和程序设计员。

选择A岛:艺术型(Artistic)

喜欢的活动:创造,喜欢自我表达,喜欢写作、音乐、艺术和戏剧。

喜欢的职业:作家、艺术家、音乐家、诗人、漫画家、演员、戏剧导演、作曲家、乐队指挥和室内装潢人员。

选择S岛:社会型(Social)

喜欢的活动:帮助别人,喜欢与人合作,热情关心他人的幸福,愿意帮助别人解决困难。

喜欢的职业:教师、社会工作者、牧师、心理咨询员、服务性行业人员。

选择E岛:企业型(Enterprising)

喜欢的活动:喜欢领导和影响别人,或为了达到个人或组织的目的而善于说服别人。希望成就一番事业。

喜欢的职业：商业管理、律师、政治运动领袖、营销人员、市场或销售经理、公关人员、采购员、投资商、电视制片人和保险代理。

选择C岛：事务型(Conventional)

喜欢的活动：组织和处理数据，喜欢固定的、有秩序的工作或活动，希望确切地知道工作的要求和标准。愿意在一个大的机构中处于从属地位。

喜欢的职业：会计师、银行出纳、簿记、行政助理、秘书、档案文书、税务专家和计算机操作员。

四、树立目标，规划自我

1. 小故事交流

分享日本马拉松选手山田本一的故事，讨论山田本一每次世界马拉松比赛都能得到第一的原因。

2. 填写生涯规划表格

填写下列生涯规划表。

上海市朱家角中学高一学生生涯规划表

自我分析（优、劣）	
总目标	

分阶段目标与措施		
年级	目标	措施
高一		
高二		
高三		

五、脚踏实地，行动起来

1. 分享故事

在一座山上，有两块相同的石头。三年后，两块石头发生了截然不同的变化：一块被雕成神像的石头受到很多人的敬仰和膜拜,而另一块却受人冷落。

被冷落的石头心中很不平衡："老兄,我们本是同样的石头,为什么却得到不同的待遇？我真想不通。"被雕成神像的石头答道："老弟,你还记得吗？三年前来了一个雕刻家,你害怕割在身上一刀刀的疼,不让他在你身上雕刻;而我想到日后的发展,忍受了刀割的痛苦,也就有了今天的不同。"

同学们,在和你朝夕相处的同学中,有人不断重塑自我,随着时光的推移,成为精美的"雕像",有人却依然是一块寂寥的"石头"。请问：你希望成为"石头"还是"雕像"呢？

2. 大家谈

提问：怎样做才能实现自己的目标呢？

学生讨论交流,PPT展示。

(1) 学习上。

1) 课前认真预习。

2) 上课认真听讲,不走神、不打瞌睡。

3) 作业认真、独立、高效地完成。

4) 准备错题本,课后认真订正错题,不懂就问。

5) 随时复习,周末认真复习一周所学的知识内容;月末复习一个月所学的知识;等等。

(2) 心态上。

1) 及时调整心态。

2) 戒骄戒躁。

3) 有心理问题时,及时与老师沟通交流。

4) 随时准备承受挫折与失败,不灰心丧气。

5) 以积极乐观的心态面对人生的各种挑战。

(3) 行为习惯上。

1) 遵守学校和班级的各项规章制度。

2) 不早退、不迟到。

3）尊敬师长、友爱同学、团结同学。
4）维护班级的荣誉,有集体主义精神。

六、总结

生涯规划的核心：定位自我,规划自我,成就自我。生涯规划的警语:"人生成功的秘密在于机遇来临时,你已经准备好了！机遇对任何人来说都是平等的,千万别在机遇面前说抱歉。"

点亮心中的明灯

上海市朱家角中学　庄　玮

【教育背景】

新高考改革下,生涯规划逐渐成为高中生必备的学习技能。帮助学生认识自我,清晰定位,对学生的终身发展有益。在以应试教育为主导的中国教育现状面前,很多学生对自身的兴趣爱好和生涯规划定位不清,从而在选科甚至在高三填报志愿时草率盲目,影响未来的发展。其次,进入高一之后,我们的学生由于已经慢慢适应高中的节奏,而高三又比较遥远,容易产生怠懈心态,学习被动。究其原因,是学生没有一个明确的目标。故在高一上学期结合本班学生的实际,设计开展了此节主题教育课,旨在引导学生重视和认真规划自己的人生,"选择决定命运",促进他们的健康快乐成长。

【教学目标】

1. 认知目标

引导学生明确什么是高中生涯规划,并由名人或身边榜样为梦想奋斗的故事,认识到高中生涯规划对于现实生活的重要意义。

2. 情感目标

认识到实现理想的路途充满艰辛,需要脚踏实地、不懈努力,才能实现心中美好的理想,做到梦想成真。

3. 行为目标

能明确自己的人生理想,并将生涯规划化为可行的阶段目标,对自我进行剖析并制定可行的实施计划,脚踏实地的学习,成为一个对社会有用的人。

【教学准备】

（1）设计《高中生对自己的了解程度和对未来的规划》调查问卷，并开展调查。
（2）搜集相关案例。
（3）制作课件。

【教学过程】

一、故事明理,明白人生规划的重要性

心怀梦想,志存高远,人生之梦需要实实在在的"规划"才能"追寻",好的人生离不开好的规划,成功人生离不开成功的规划,以及在正确规划指导下的持续奋斗。人生如大海航行,人生规划就是人生的基本航线,有了航线我们就不会偏离目标,更不会迷失方向,有了航线才能更加顺利和快速的驶向成功的彼岸。

1. 介绍哈佛大学关于目标对人生影响的跟踪调查

下面是哈佛大学一个非常著名的关于目标对人生影响的调查,该项调查的对象是一群智力、学历、环境等条件都差不多的年轻人,调查结果如下。

3%的人几乎不曾更改过自己的人生目标。25年后,他们几乎都成了社会各界顶尖成功人士,他们中不乏白手创业者、行业领袖、社会精英。

10%的人有比较清晰的短期目标。25年后,他们大都生活在社会的中上层。其共同特点是那些短期目标不断地被达到,生活质量稳步上升。他们成为各行各业不可缺少的专业人士,如医生、律师、工程师、高级主管等等。

60%的人目标模糊。25年后,他们几乎都生活在社会的中下层面。他们可以安稳地生活与工作,但普遍认为生活平淡缺乏意义,而且都没有什么特别的成绩。

27%的人没有目标。25年后,他们几乎都生活在社会的最底层,生活都过得很不如意,常常失业,靠社会救济,常常在抱怨他人,抱怨社会。

提问:从这组数据中,同学们能得到什么启发?

小结:可见,树立人生目标是多么的重要。

2. 分享名人故事

张朝阳,搜狐公司创办人。他喜欢看那些自学成材的故事,读《哥德巴赫猜想》,并暗立志向:要好好念书,将来出人头地。中学时代,他的梦想是当物理学家,认为只有获得诺贝尔奖,才能成就一番大事业,这是他考取清华大学的直接动力,也是他考取李政道奖学金的直接动力。张朝阳是一代青年人的楷模。

斯皮尔伯格,《侏罗纪公园》的导演。他在36岁时就成为世界上最成功的电影制片人之一,电影史十大卖座的影片中,他个人就执导4部。在他17岁的时候,有一次去到一个电影制片厂参观,此后,他就偷偷立下了目标,要拍最好的电影。第二天,他穿了一套西装,提着爸爸的公文包,里面装了一块三明治,再次来到制片厂。他故意装出一个大人模样,骗过了警卫,来到了厂里面。然后找到一辆废弃的手推车,用一块塑胶字母,在车门上拼出来"斯蒂芬·斯皮尔伯格""导演"等字样。然后他利用整个夏天去认识各位导演、编剧等,天天忙着以一个导演的生活来要求自己。从与别人的交谈中学习、观察、思考,并最终在20岁那年,他成为正式的电影导演,开始了他大导演的职业生涯。

提问:从他们成功人生的事例中,你们又感悟到什么?

小结:大凡成功人士都是从小就知道自己想要成为什么样的人,也就是说,有自己的规划,然后锲而不舍,执着追求。

3. 解读高中生涯规划的内涵

新高考改革下,生涯规划逐渐成为高中生必备的学习技能。

提问:什么是高中生涯规划?

简单地说,高中生涯规划是指高中学生进行自我人生规划与设计,从而达到人境适配与平衡发展。确切地说,高中生涯规划是高中学生根据自身主客观条件进行测定、分析、总结的基础上,对自己的兴趣、爱好、能力、特点进行综合分析与权衡,结合时代特点,根据自己的职业倾向,确定其最佳的职业奋斗目标,并为实现这一目标做出行之有效的安排。

二、调查分析,审视当下的自己

1.《高中生对自己的了解程度和对未来的规划》调查报告

调查结果显示出下列问题。

(1) 高中生普遍缺乏认识自我的意识和有效途径。有不到一半的同学表示清楚地了解自己的学习兴趣,13%的同学了解适合的职业,8%的同学了解自己未来3~5年的发展计划。

(2) 绝大部分高中生并没有开始了解大学,甚至没有这方面的机会。92%以上的同学认为上大学有必要,但很少有同学能从自身角度说明为什么要上大学,只有45%的学生知道自己大概适合什么专业,26%的学生了解大学里的学习方法。究其原因,主要是高中生用来了解大学的渠道较少,信息来源不直接。

(3) 高中生缺乏职业规划的意识。仅有16%的学生表示很仔细地考虑过自己的职业规划,有58%的同学表示从来没有考虑过,65%的同学表示对自己的职业生涯规化不了解,需要学习、职业测评及职业生涯规划的相关理论和方法。在高考这座大山面前,很多同学认为就业是很久以后的事情,高中时还不需要加以考虑。

(4) 填报志愿时的盲目性。高中生填报志愿时,通常根据大学专业的招生计划,学生、家人及高中老师决定。但却由于对大学及专业的了解有限,加之学生本人缺乏对大学阶段的规划,选择个性与爱好相符合的专业就更加困难。因而高中生填报志愿时有很大的盲目性。

小结:从以上的调查分析中,许多同学在十几年的基础教育之后仍然对自己、对人生没有清楚的了解和定位。

2. 出示漫画，谈论思辨

漫画1：想规划自己，但是就是没有想好自己想要成为什么样的人？（盲目）

漫画2：高三还早，目标太远与我无关，爸爸妈妈会帮我想。（依赖）

漫画3：我要成为一名医术高明的医生，现在必须要努力。（有目标）

提问：请同学们讨论一下以上3种情况，他们结果可能会怎么样？

学生讨论：（略）

三、立足当下，追赶目标

1."山田本一"的故事带来的启发

他是日本著名的马拉松运动员，他曾在1984年和1987年的国际马拉松比赛中，两次夺得世界冠军。记者问他凭什么取得如此惊人的成绩，山田本一总是回答："凭智慧战胜对手！"大家都知道，马拉松比赛主要是运动员体力和耐力的较量，爆发力、速度和技巧都还在其次。因此对山田本一的回答，许多人觉得他是在故弄玄虚。10年之后，这个谜底被揭开了。山田本一在自传中这样写道："每次比赛之前，我都要乘车把比赛的路线仔细地看一遍，并把沿途比较醒目的标志画下来：比如第一标志是银行，第二标志是一个古怪的大树，第三标志是一座高楼……这样一直画到赛程的结束。比赛开始后，我就以百米的速度奋力地向第一个目标冲去，到达第一个目标后，我又以同样的速度向第二个目标冲去。40多千米的赛程，被我分解成几个小目标，跑起来就轻松多了。开始我把我的目标定在终点线的旗帜上，结果当我跑到十几千米的时候就疲惫不堪了，因为我被前面那段遥远的路吓倒了。"

这个故事告诉学生：当目标被清晰地分解了，目标的激励作用就显现了，当我们实现了一个目标的时候，我们就及时地得到了一个正面激励,这对于培养我们挑战目标的信心的作用是非常巨大的。

2. 测试最适合你的职场领域

你参加了世界景观惊奇之旅,其中一项活动是让你站在一扇特殊的窗户前面,按下按钮之后就可观赏到你从未见过的景观,你希望看到的是下面哪一样?

A. 充满挑战的崎岖山路
B. 任何和食物有关的景色
C. 一片绿油油的草原风光
D. 海天一线的远眺美景
E. 任何和树木有关的景色
F. 有繁星点点的黑夜

小测试可以帮助你找出你比较适合的职业,但一切根据自己的实际情况而定。

【答案解析】

选择 A:千里马——目标坚定勇往直前!

带着一点冷峻的孤傲,双眼闪烁智慧的光芒,以曼妙飞跃之姿,向目标勇往直前地奔去,你是集智慧和行动力于一身的千里马。你有明显的成功特质,因为你早已为自己的人生订好完美的目标,并且会全力以赴去实践,所以无论身处在什么样的环境,都能有一番令人羡慕的成就。

速配志愿:既然老天给了你得天独厚的成功条件——智慧和执行力,那就好好地善加利用吧。

适合你发展的领域:计算机、贸易、金融、出版、新科技等。

选择 B:快乐猪——人生以 HAPPY 为目的!

吃饱了睡、睡饱了吃,你的眼睛永远呈现迷蒙的状态,这辈子只有吃东西的时候最勤奋,其他时候不是偶尔找机会玩乐一下,就是躺着睡觉,十分惬意。你不懂什么是竞争、压力、力争上游……你觉得自己只是在做一些自己想做的事而已,即使和周遭的人格格不入，你也无所谓，人生的哲学就是"精神重于物质，快乐就好！"

速配志愿：你无法在一般讲求规则、追求业绩的体制下发展，不但你会不适应，身边的人也会因为你而崩溃。

适合你发展的领域：创意、艺术家、室内设计、美容、烹饪等。

选择C：勤劳牛——脚踏实地勤劳第一！

日出而作、日落而息，从与世无争的平静表情里，透露一股安定灵魂的力量；在缓慢而固定节奏的步伐里，落实终其一生努力工作的目标。你的性格特质就是勤奋和规律的计划，你从来不妄想、不贪图，只要把份内的工作完成，就觉得愉悦满足。你的执行能力很强，而且还有难能可贵的责任感。

速配志愿：若要你无中生有或想一些稀奇古怪的点子，可能会让你觉得生不如死，可是如果是要你完成别人交付的工作，感觉就好多了。

适合你发展的领域：秘书、行政、教育、专业技术人员、运动员等。

选择D：悠游鸟——自由自追求新鲜！

娇小灵巧、悠游于天地之间，拥有自由的行动本能和不受拘束的心，必定要遍游所有未知的自然奥妙，历经所有的苦难、喜悦、悲伤、感动之后，才知倦鸟归巢，满足于完整的一生。你的反应力佳，社交能力更是一级棒，不喜欢规律或拘束的生活方式，如果能每天接触不同的新鲜事或认识不同的朋友，会让你的人生更有意义。

速配志愿：活用你与生俱来的好口才和公关能力，为自己和世界创造更多的可能性。

适合你发展领域：传播、演艺、推销员、公关、旅游等。

选择E：聪明猴——聪明但没耐性！

身手矫健、头脑灵活，表面上看来好像成天只会和其他猴子一起玩耍和采果子吃，但其实内心的思绪极为复杂，分分秒秒都在为下一步打算。说你是智能型的人物一点也不为过,你总是能擅用自己的优势,让别人不自觉地喜欢你、欣赏你、肯定你,虽然有时候会在不经意之间显露出不耐烦的一面,但是却无损于你在大家心目中的好印象。

速配志愿:以你的智慧和能力,想成为金字塔顶端的人并不难。

适合你发展的领域:新闻、医生、律师、政治、人权运动等。

选择F:神秘猫——忽冷忽热超级情绪化!

你那慵懒的姿态,犀利而神秘的眼神,仿佛能看透人类拙劣的虚假面具,时而贪恋温柔的呵护,时而厌倦一层不变的安抚,轻盈地纵身一跃,远走他方,独唱流浪之歌。你对人总是忽冷忽热,一会儿热情黏腻、一会儿爱理不理,凡事都依你的心情而定,虽然有时也会被对方的情绪影响,但机会毕竟不多。你活得自我,所以做事情不喜欢被干扰,掌控权必须在自己手上。

速配志愿:千万不要让别人指挥你,最好由你来告诉别人"这个会如何……""那个会怎么样……",这样比较适合你。

适合你发展的领域:占卜师、心理分析师、作者、征信社、自由业等。

3. 畅谈自己的理想的大学和人生规划

生当盛世,年轻的我们岂能没有梦想?爱因斯坦说过,没有梦想的生活,那是猪栏的生活。愿我们每一位挺起腰板,远离猪栏。如此,数十年后,当我们回首往事时,我们可以无愧无悔地说:从公元2016年12月15日起,我以一个直立的人行走至今。现在,就请同学们在纸上写出自己的梦想。

4. 将总目标分解成阶段性目标,明确前进的方向

人生是分阶段的,每个阶段都应该有每个阶段的最主要的目标和任务,现阶段学生的最主要的目标和任务就高考。人的精力是有限的,应该把最主要的精力去花在最主要的事情上来。

填写如下的生涯规划表。

生涯规划表

总目标	
分阶段目标	措　　施
高一	
高二	
高三	

四、总结

在我们的心中,理想是一个很崇高的字眼,它像一座灯塔,指引着人生前进的方向,照亮着人生前进的路程,没有理想就会迷失方向,就会失去前进的动力,而我们正处在树立理想,明确人生目标的重要时期,非常渴望通过自身的奋斗和追求,实现其人身价值。同学们,古今中外在事业上有成就的人为我们提供的一条基本的经验是:千里之行,始于足下。成功是由一个个目标的不断实现而积累起来的。努力从今日始,就能一步一步登上高峰,欣赏壮丽的景色;努力从今日始,就能爬上树梢,品尝最甜美的果实;努力从今日始,就能踏入人生最辉煌的圣殿。我祝愿大家多努力,再努力,展开理想的翅膀,战胜成长道路上的每一个难题。

做最好的自己

上海市朱家角中学　胡菁华

【背景分析】

为了全面推进素质教育,贯彻学校制定的"自信、自律、自主、自立"四自教育实施方案,高一(14)班举行主题为"做最好的自己"的主题教育班会。以认识自我、悦纳自我为主线,引导学生学会认识自我的途径与方法,客观地认识和评价自己,懂得悦纳自我的重要性,树立积极的自我概念。正确对待自己和别人的评价,认识和挖掘自己的优点,增强自信心;同时又要敢于正视自己的弱点,悦纳自己的缺点与不足。既要了解昨天的自我,认识今天的自我,更要追求明天的自我。最后通过"四自教育"实现自我的完善。

【教学目标】

1. 认知目标

了解自我评价的重要性,知道自我意识对个人成长的重要作用,形成比较清晰的自我整体形象。

2. 情感目标

通过给自己画个"像"活动,学习科学分析自我的方法,一方面明确认识自我的表现,正确评价自己的优缺点;另一方面分析自我,评价各方面在生理自我、心理自我、社会自我的分布,从而更客观地形成自我整体形象。

3. 行为目标

通过小故事会活动,学习科学的比较方法,懂得悦纳自我的重要性,学会认识自我的途径与方法,客观地认识、评价自己的优缺点,用发展的眼光看待自己,并能够通过"四自教育"实现自我的完善。

【预设问题】

(1) 你了解自己吗？你知道认识自己的途径有哪些吗？

(2) 什么是悦纳自己，如何才能做到悦纳自己，实现人生的价值？

【教学准备】

1. 学生准备

(1) 完成自主能力测试。

(2) 部分学生准备《少年中国说》诗歌朗诵。

2. 教师准备

搜集大量关于"悦纳自我"和"四自"的材料，制作学生活动表及课件。

【教学过程】

一、认识自己，形成客观的自我评价

活动1：给自己画个"像"

认识自我是种境界，是我们在现代社会所应具有的素质。那么，你了解自己吗？同学们，让我们一起来为自己画个"像"吧。请用陈述句，围绕着"我是谁"这样一个问题，用5种相异的回答填写出能表明自己的句子。填写时不必太多思考。

注意：在学生填写的过程中，教室必须尽量保持安静。

认识自己的途径有3种：① 自我探究；② 与他人比较；③ 倾听他人评价。

下面，请前后桌4位同学组成一组，每人选择一位同学，用"你是……"给出5种相异的回答描述对方，并将评价送给对方。请保持同组4位同学都能收到一份其他同学的评价。

等学生写完10句话后，让学生对自己的回答按照生理自我、心理自我和社会自我3个角度进行分类。

生理自我。生理自我指个体对自己外表和体质状况的观察和认识,包括外貌、风度、健康状况等方面。比如,我是个高个子;我是留长发的女孩。

心理自我。心理自我是指个体对自己精神世界的观察,包括对自己的智力、能力、性格、兴趣、爱好、特长等方面的观察和认识。例如,我是个胆小的人;我是个爱好文学的人。

社会自我。对中学生来说,社会自我主要是自己在班级、年级、学校中的位置和作用,公共生活中的举止表现以及社会适应能力。例如,我是班里最受欢迎的人。

让学生计算在自己的回答中,生理自我、心理自我和社会自我分别占了多少项,计算出百分比,以"切蛋糕"的形式画出,如图。

组织同学之间的互相分享:教师对学生的"蛋糕"要予以积极的回应。

学生思考:在自我的描述中,欣赏自己有哪些方面觉得有待改善或不太满意的是哪些方面?让他们说出具体的理由。

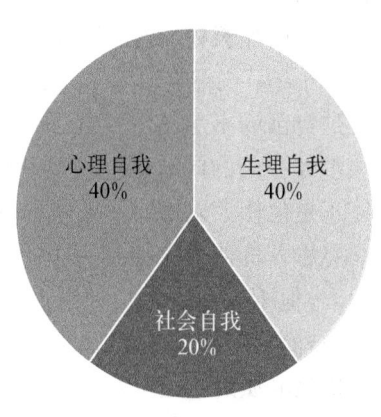

自我蛋糕示例

小结:通过给自己画个"像"活动,学习科学分析自我的方法,一方面明确自我认识的表现,正确评价自己的优缺点,另一方面分析自我,评价各方面在生理自我、心理自我、社会自我的分布,从而更客观地形成自我整体形象。

二、悦纳自己,保持良好的自我意识

作家约翰·保罗说:"一个人真正伟大之处,在于他能够认识自己。"

活动2:小小故事会

故事1:林肯与政客

林肯是美国历史上最著名的总统之一,由于他的相貌很丑陋,常常被政敌所讥笑。有一天,他的一位政敌遇到他,开口骂道:"你长得太丑了,简直让人不堪入目。"

林肯微笑着对他说:"先生,你应该感到荣幸,你将因为骂一位伟大的人物而被人们所认识。"

提问1:林肯会如何回答?如果你是林肯,你将如何回答?(穿插在故事中)

提问2:林肯如果只把眼光停留在自己丑陋的外貌上,不去发现自己的其他长处,他能成为美国著名的总统吗?如果是你,你会怎样看待你的外表和你的缺陷呢?

小结:悦纳自己,是指正确认识自己,既要看到自己的长处,也要看到自己的不足;接受自己的生理变化,悦纳自己,学会欣赏自己;在注重外在美的同时,更要追求内在美,不断发展自己。林肯幽默的回答正是他伟大人格的不凡体现,作为美国最伟大的总统,难怪卡尔·马克思评价他说:"他是一个不会被困难所吓倒、不会为成功所迷惑的人,他不屈不挠地迈向自己的伟大目标,而从不轻举妄动,他稳步向前,而从不倒退……总之,他是一位达到了伟大境界而仍然保持自己优良品质的极其罕有的人物。"

故事2:有裂痕的木桶

扁担两头分别挂着一个木桶,其中一个完好无损,另一个却裂开了一条缝。挑夫每天都挑着这两个桶到很远的地方去挑水。每次,他打上满满两桶水,等到挑回家,就只剩下一桶半了——因为有裂缝的桶把许多水洒在了路上。完好无损的桶总因自己能够多挑水而自豪,可另一个木桶总感到自卑。终有一天,它对主人说:"你还是别用我盛水了,找个好一点的桶吧。""为什么?"挑夫问。"你每天跑那么远去打水,可总是因为我的缺陷浪费半桶"木桶说着,又溢出了水。然后,它慢吞吞地说,"实在对不起。"挑夫爽朗地笑了笑,对木桶说道:"你别太自责,现在,你好好留意一下路边的花草。正是因为你帮忙给它们浇水才使它们长得那么繁茂。你的确有缺陷,但你的缺陷是可以为世界带来美好的。"

提问3：有裂痕的木桶，和一路的似锦繁花，听了故事后你有什么感想？

小结：金无足赤，人无完人！世界上只有一个你，你就是你！每个人都有缺点，就要看你如何运用了。化"短"为"长"，短处用对了，可以变成长处。又比如，美国柯达公司在制造感光材料时，需要有人在暗室工作，但视力正常的人进入暗室，犹如司机驾驶着失控的车辆一样不知所措。针对这种情况有人建议：盲人习惯于在黑暗中生活，如果让盲人来干这种工作，定能提高工作效率。于是，柯达公司经理下令：将暗室工作人员全部换成盲人。此举不仅提高了劳动生产率，还给公众留下了不拘一格"重用人才"的良好印象。

故事3：瞬间的新星

中国体坛上曾经有过一颗闪耀过瞬间光辉的新星。她刻苦训练，曾获得过"打不垮的铜墙铁壁"的盛誉。她曾两度逼近世界冠军的巅峰，又两次垮了下来。第一次，赛前她十分紧张，总是担心自己技术不如对手，担心自己会失败而选择了临阵脱逃，用小刀刺破自己的手，并谎称被人袭击；第二次则是在她自己已经领先的形势下，仅仅因为对手追上了几分，便心慌手软，感觉自己技不如人，最终败下阵来。此后，她开始用各种方法逃避比赛，最终这颗新星陨落了。

提问4：这颗新星陨落的根本原因是什么？

组织学生围绕"从上述故事中，我们从中得到什么启发？面对自己的不足，我们可以怎样处理？"进行讨论。

悦纳自我是指个体能正确评价自己、接受自己，并在此基础上使自我得到良好的发展。就是要求学生做到无条件地接受自己，包括正确地分析自己的优点、勇敢地面对自己的不足或缺陷。悦纳自我不仅指接纳自己人格中的优点、长处，更要接受自己的缺点与不足。在接受不足这个情况的基础上，努力改进自己、完善自己，而不是妄自菲薄，失去信心。

提问5：悦纳自我的途径与方法有哪些？

归纳学生讨论的方法（略）。

三、发展自己,做最好的自己

每一个人都是一个"独特的我"。无论男性还是女性,都各有各的价值。每个人都是美丽的。我们会因为可爱而美丽。积极的、健康的性格可以通过平时的努力来培养。

自信:我就是我

(1) 应该勇敢地接受自己的缺点、不足或缺陷。每个人都有自己不完美的地方,接受自己的不完美,每天给自己一个完美的笑脸。

(2) 每天想一次自己的优点和长处,并发扬这些优点和长处。

(3) 当取得成功的时候,尽情体验自己的喜悦,并与他人分享;尽情体验成功带来的喜悦,塑造自己,完善自我形象,提高自我控制能力;从别人身上吸取优点,补充不足。

(4) 悦纳自我,就是欣然接受自我。

(5) 勇于接受挑战,学会用发展的眼光看待自己,客观的评价自己。

提问6:懂得自律对一个中学生尤为重要。那么,如何提高自身自制力水平呢?

小结:

(1) 加强思想修养。人的自制力在一定程度上取决于他们的思想素质。一般来说,具有崇高理想抱负的人决不会为区区小事而感情冲动产生不良行为。因此,要提高自制力最根本的方法是树立正确的人生观、世界观,保持乐观向上的健康情绪。

(2) 提高文化素养。一般来说,一个人的文化素养同其承受能力和自控能力成正比。文化素质比较高的人往往能够比较全面正确认识事物,认识自我和他人的关系,自觉地进行自我控制、自我完善。

(3) 稳定情绪。用合理发泄、注意力转移、迁移环境等方法,把将要引发冲动的情绪宣泄和释放出来,保持情绪稳定,避免冲动。

(4) 要强化自我意识。遇事要沉着冷静,自己开动脑筋,排除外界干扰或暗示,学会自主决断。要彻底摆脱那种依赖别人的心理,克服自卑,培养自信心和独立性。

(5) 要强化意志力量。要培养自己性格中意志独立性的良好品质。对自己奋斗的目标要有高度的自觉。只要你经过自己的实践认准的事,就应义无反顾地走下去,想方设法达到预期目的。不必追求任何事情都做得十全十美,不必苛求自己没有一点失败,不必过多地注意别人怎样议论你。

(6) 调整好需要结构。当需要不能同时兼顾时,抑制一些不可能实现的需要。如古人所云:"鱼,我所欲也;熊掌,亦我所欲也,两者不可得兼,舍鱼而取熊掌也。"

(7) 要强化积极思维。俗话说:"凡事预则立,不预则废。"平时注意经常思考问题,增强预见性,关键时刻才能及时、果断、准确地做出选择。自制力是指一个人在意志行动中善于控制自己的情绪,约束自己的言行。

自主:我的人生由我主宰

科学技术的发展,不仅丰富了知识的内容,而且提升了知识更新的速度,同时也改变着知识传播的方式与途径,学习已经不再受时间、空间的限制,终身学习成为社会发展对个人的必然要求。联合国教科文组织出版的《学会生存》一书中写道:"未来的文盲不是目不识丁的人,而是没有学会怎样学习的人。"学习效果的优劣取决于学习者自主学习能力的强弱,从长远发展的角度来看,应不断培养自主管理能力和自主学习能力,不然终生的发展会受到极大的限制。

活动4:自主能力测试结果分析及讨论
自主能力测试题

1. 学习之前,我会结合老师的要求给自己制定相应的学习目标(如学会哪些内容等)。

  非常不符合○1　比较不符合○2　不确定○3　比较符合○4　非常符合○5

2. 我会根据自己每天要完成的学习任务,制定相应的学习计划。
   非常不符合○1　比较不符合○2　不确定○3　比较符合○4　非常符合○5

3. 为了完成学习任务,我会规定自己完成任务的时间,并尽量在规定时间内完成。
   非常不符合○1　比较不符合○2　不确定○3　比较符合○4　非常符合○5

4. 自学时遇到问题时,我会总结出来,而不是得过且过。
   非常不符合○1　比较不符合○2　不确定○3　比较符合○4　非常符合○5

5. 自学时,我会像平时一样边学习边记笔记或画出重点。
   非常不符合○1　比较不符合○2　不确定○3　比较符合○4　非常符合○5

6. 我会尝试用概念图、表格等工具帮助自己总结所学到的知识。
   非常不符合○1　比较不符合○2　不确定○3　比较符合○4　非常符合○5

7. 学习后我会尝试在头脑中重现和复述所学到的要点。
   非常不符合○1　比较不符合○2　不确定○3　比较符合○4　非常符合○5

8. 自主学习时,我会根据知识的难易程度分配时间,在我学习任务比较难的地方,我会反复学习直到弄明白。
   非常不符合○1　比较不符合○2　不确定○3　比较符合○4　非常符合○5

9. 在学习新知识时,我会尝试将它与之前学过的知识建立联系,这样我能够更好地记住它。
   非常不符合○1　比较不符合○2　不确定○3　比较符合○4　非常符合○5

根据题目,组织学生自我测试,测试结果分析见下表。

测试结果分析表

	题1	题2	题3	题4	题5	题6	题7	题8	题9
1分	5.9%	2.9%	0%	2.9%	2.9%	2.9%	0	0	0
2分	14.7%	14.7%	14.7%	11.8%	14.7%	29.4%	11.8%	26.5%	26.5%
3分	32.4%	23.5%	29.4%	47.1%	11.8%	32.4%	41.2%	41.2%	20.6%
4分	47.1%	55.9%	47.1%	38.2%	58.8%	32.4%	47.1%	32.4%	50%
5分	0	2.9%	8.8%	0	11.8%	2.9%	0	0	2.9%

第2题和第3题反映出，一半以上的同学能够有计划的学习。

第4题，近一半的人选择"不确定"，主要因为平时预习机会较少，自主解决问题机会少。

第6题，各种答案都有，说明在学习方法上大家有很大的差异，只有1/3的同学掌握了良好的总结方法，2/3却没有掌握。

第7题，有将近一半的同学有回顾当天知识的好习惯，而一多半的同学并没有，这一习惯需要平时保持一个良好的学习节奏才能养成。

由调查结果可以看出，在自主学习的习惯上大家还是存在很大差异的，引导学生对结果进行讨论，分析自己的自主能力情况及今后需要改善的方面。

自立：天行健，君子以自强不息

活动5：诗歌朗诵《少年中国说》

解读：少年强，则中国强；少年雄于欧洲，则国雄于欧洲。人能走多远，不问双脚，要问意志。人能攀多高，不问双手，要问志向。如果一个人失去了自强的精神，那么他已经失败了。世界上只有两种动物能爬上金字塔，鹰和蜗牛！我们可以像蜗牛那样一步一个脚印地往上爬，有志者，事竟成。只要有自强不息的精神，风雨中依然前行。

总结：自信让我们有力量决定人生的方向，自律让我们主宰自己的命运，自主让我们策划自己的前途，自立让我们做自己的主人。只有认识自我,悦纳自我,才能不断完善自我,塑造自我,才能使自己得到不断的发展,成为真正对社会有价值的人。了解昨天的自我,认识今天的自我,更要追求明天的自我,通过"四自教育"最终实现自我的完善。

做更优秀的自己

上海市朱家角中学　王志刚

【背景分析】

党的十九大为我国的教育事业发展指明了方向。在教育过程中,应践行社会主义核心价值观,促进学生树立正确的价值观、人生观和世界观。为此,我校开展了学生生涯规划指导,也建立了综合素质评价体系。为了将生涯规划课程系列化,我校以主题教育和社会实践活动为载体,建立了高一认识自我,高二完善自我,高三实现自我的生涯规划系列。在社会实践中,学生在高一走进高校,高二走进农村,高三走进产业,逐层地提升学生生涯规划具体内容,引导学生更有动力学习。

高三2班,作为学校实验班,学生在高一高二已经有了较为成熟的生涯规划教育。目前该班级学生整体好学乐学,有较好的班级风尚和学习氛围。在此背景下,对学生的学习进一步的指导,十分有必要。为此,设计这堂课,旨在学生通过学习的目的性的回顾和夯实,实现学习经验分享,更聪明地学习,更有效的学习。

【教学目标】

1. 认知目标

通过对史书中名流的传记解读,明确志存高远的重要性。

2. 情感目标

通过对班级现状的分析,引导学生更加自信。

3. 行为目标

励志教育,通过学习方法交流,引导学生更智慧地学习。

【教学过程】

一、成为优秀需要有目标

1. 对优秀的渴望可以实现自己

（1）经典故事赏析：刘邦、项羽见秦始皇后的感想。

项羽：秦始皇帝游会稽，渡浙江。梁与籍俱观。籍曰："彼可取而代也！"梁掩其口，曰："毋妄言，族矣！"

刘邦：高祖常繇咸阳，纵观，观秦皇帝，喟然太息曰："嗟乎，大丈夫当如此也！"

（2）李斯的仓鼠感想。

李斯者，楚上蔡人也。年少时，为郡小吏，见吏舍厕中鼠食不洁，近人犬，数惊恐之。斯入仓，观仓中鼠，食积粟，居大庑之下，不见人犬之忧。于是李斯乃叹曰："人之贤不肖譬如鼠矣，在所自处耳！"

2. 对优秀的渴望可以成就自己

（1）杜甫谈梦想。"自谓颇挺出，立登要路津。致君尧舜上，再使风俗淳。"选自《奉赠韦左丞丈二十二韵》。

（2）苏轼立志。"会挽雕弓如满月，西北望，射天狼。"选自《江城子·密州出猎》

3. 学生谈体会

（略）

小结：人需要志向，人类因为梦想而伟大，人因为立足而致远，人因为优秀而更有价值。"修身齐家治国平天下"是一个不断让自己优秀的过程。当然，更是让自己不断更优秀的过程。

二、成为优秀需要付出努力

1. 分享让·克雷蒂安化蛹为蝶的故事

一个小孩，相貌丑陋，说话口吃，而且因为疾病导致左脸局部麻痹，嘴角畸形，讲话时嘴巴总是歪向一边，还有一只耳朵失聪。为了矫正自己的口吃，这孩子模仿古代一位有名的演说家，嘴里含着小石子讲话。看着嘴巴和舌头被石子磨烂的儿子,母亲心疼地抱着他流着眼泪说:"不要练了,妈妈一辈子陪着你。"懂事的他替妈妈擦着眼泪说:"妈妈,书上说,每一只漂亮的蝴蝶,都是自己冲破束缚它的茧之后才变成的。我要做一只美丽的蝴蝶。"后来,他能流利地讲话了。因为他的勤奋和善良,他中学毕业时,不仅取得了优异成绩,还获得了良好的人缘。

1993年10月,他参加全国总理大选。他的对手居心叵测地利用电视广告夸张他的脸部缺陷,然后写上这样的广告词:"你要这样的人来当你的总理吗?"但是,这种极不道德的、带有人格侮辱的攻击招致大部分选民的愤怒和谴责。他的成长经历被人们知道后,赢得了选民极大的同情和尊敬。他说的"我要带领国家和人民成为一只美丽的蝴蝶"的竞选口号,使他以高票当选为总理,并在1997年再次获胜,连任总理,人们亲切地称他是"蝴蝶总理"。他就是加拿大第一位连任两届的总理让·克雷蒂安。

是的,有些东西我们无法改变,比如低微的门第,丑陋的相貌,痛苦的遭遇。这些都是我们生命中的"茧"。但有些东西则人人都可以选择,比如自尊、自信、毅力、勇气,它们是帮助我们穿破命运之茧,由蛹化蝶的生命之剑。因此,比起让·克雷蒂安,我们健康得多,如果我们拿出和他一样的努力,我们一定能够实现我们的理想。

2. 学生谈体会

(略)

3. 我们可以成为优秀吗?

教师预设高二一年我班奖学金获得情况(见下表)。

学 期	高二上期中	高二上期末	高二下期中	高二上期中
人 数	8人	15人	14人	16人

播放视频:学校体育节(运动会)入场式表演。

展示PPT:学生高中两年各类获奖情况。(略)

小结：总结取得成绩，发现存在不足。

三、为成为更优秀的自己而努力

1. 从他人身上获得启发

展示马润泽北大学跳舞的视频。请同学们找找有没有哪个同学你见过呢？讲述马润泽毕业散伙饭跳舞的故事，当时几乎不会跳舞，被同学们取笑。与如今在北大鲜明对比，从而得出结论，只要努力，可以更优秀。

2. 任课教师进行学习方法指导和提出建议

（1）语文老师。

扎实基础，提升能力，多反方向思考参考答案，学会读懂题目预设，积累经验。对几个话题、几个人物的探究十分重要。

（2）数学老师。

1）高考不仅是知识考试，同时也是心理考试。拿到试卷应当充分利用好开答前的5分钟时间，把试卷大题浏览一遍，确定解题的顺序。注意的是：小题中的"压轴题"（如填空题中的12题，选择题中的16题）不一定比解答题的前两题容易，若一时找不到思路可先放一放，不要在此花过多时间。做容易的题要冷静、细心，适当慢一点，就会准一点，所谓考试就是把我们平时掌握的知识、培养的能力淋漓尽致地展现在考卷上。

2）若能保证把会做的题都做对，就是成功。遇到难题要做到镇定分析、大胆设想。高考中偏难的解答题一般会设置层次分明的"台阶"，也就是"难题"中也会有容易做的得分点，应争取拿到；即使是毫无思路，也尽量不要空在那儿，不妨想到什么写什么，想到哪儿写到哪儿；因为没有什么情况会比"空"在那儿更严重的了！

3）总之考试的全部诀窍就是：力争会做的题确保得满分，不会做的题争取多得分。做到我易人易我不大意，我难人难我不畏难。

（3）英语老师。

1）兵马未动，粮草先行。充分的准备是保障复习照常进行，提高学习效率的重要前提。因此要有单词整理本(高频词、常用词组、易错单词)和专题总结本(翻译本、作文本)。

2) 知己知彼,百战不殆。明确英语学习的特点。语言需要"模仿",因此大量、准确地输入才能确保高效的输出。明确出题原则。保证知识覆盖面,考核学生的语言综合能力。

3) 千锤百炼,熟能生巧。多朗读、多背诵、多积累(背诵是学习语言的最有效的方法之一,可以加深学生对值得理解和记忆)听、说、读、写、译统筹兼顾,以"阅读"为核心带动其他能力的提高,不断扩大词汇量和知识面。

4) 每天完成一个小目标。比如,每天背诵20个新单词,做两篇阅读,完成4句翻译。

3. 来自班级同学的经验分享

(1) 严丹清:学习语文是一件很开心的事,我认为爱读书、读好书是关键。语文的阅读理解能力和读书有密切的联系。另外,多读书,学语文可以让自己成为一个优雅的人。在写作中,我觉得现场去分析、去思考比回顾以往的积累更重要,这样内容更清新,不至于掉书袋。

(2) 张鹏宇:我认为数学学习最重要的是认识自己,这比认识题目更重要。数学由很多章节构成,每个章节的掌握程度每个人都不一样,这需要我们同学们自己梳理自己的情况,及时补差补缺。另外,数学自信很重要,要相信自己可以做得出来,否则会前功尽弃。

(3) 冯钰洁:英语学习首先要有一个语言环境,我认为多看美剧是个很好的办法。另外,在单词积累这方面我觉得要抓得更紧。现在大家在听说这两个环节中都存在不足,我觉得在回家的路上和吃饭的时候多听一些英语节目,对英语学习也肯定大有增益的。

四、后续拓展

以"超越自己"为主题,写一篇感悟或自我规划(500字)。

成功,在于最后的坚持

上海市朱家角中学　金汝怡

【背景分析】

国家教育部发布的《中小学德育工作指南》(教基〔2017〕8号)中指出,德育内容要贯彻理想信念教育及心理健康教育,强调引导学生增强调控心理、应对挫折、适应环境的能力,培养学生健全的人格、积极的心态和良好的个性心理品质。

近年来,关注到许多学生总因无法坚持,而享受不到成功带来的乐趣,渐渐地,他们就会变得缺乏自信,出现对事无所谓的心态,或者抗挫折的能力不够,遇到一点点困难就轻言放弃。

其实,人生的道路,哪里由得这样随性,很多时候,我们在工作和学习中都会遇到恼人的瓶颈期,可能很努力了也达不到想要的结果。坚持下去很难,说放弃却很容易。但生活会在一次一次的放弃中变得越来越艰难,他们也会在一次又一次的放弃中无法体会成功的乐趣,没有成就感。本课旨在用一些名人事例、同学间的分享、自测等方式,引导学生树立坚持的信念,在成功的道路上体会坚持的重要意义。

【教学目标】

1. 认知目标

引导学生正确认识坚持在成功道路上的重要性,并客观审视自己身上的不足。

2. 情感目标

培养坚持不懈的意志品质,从而克服困难,突破自我,树立人生价值观。

3. 行为目标

通过展示、剖析、讨论、分享,鼓励并通过实际案例告诉学生该如何坚持。

【教学准备】

（1）收集名人事例、漫画图片。
（2）制作自测卷。
（3）选取学生分享案例。
（4）制作课件。

【教学过程】

一、回顾梦想,明确方向

活动1：你认为什么是成功

播放王欣怡同学采访班级学生的视频《你认为什么是成功？》,引导学生说说对自己而言,成功在自己身上是如何体现的。

二、故事导入,揭示主题

回顾我们同学渴望的成功,有的同学想成为配音演员,有的同学想当船长,还有一些同学想成为教师,但有这样一句话："靡不有初,鲜克有终。"意思就是做人做事没有人不想善始的,但很少有人能善终。接下来,请大家欣赏著名数学家欧拉的故事,边看边思考,欧拉最后获得了成功,是源于他具备了哪些品质？

活动2：数学家欧拉的故事

（播放短视频）

提问：请同学分析,欧拉的成功源于他的哪些品质？

欧拉的一生充满坎坷和波折,但无论是身体疾病,还是意外事故,都没有使欧拉放弃。相反,他一次次的坚持,到最后,获得了成功。

（出示课题：成功,在于最后的坚持）

三、现状分析,寻找差距

提问:那么我们到底离梦想有多远,理想与现实又有多大的差距呢?总结各科老师,包括平时家长会上家长们反馈的一些情况,请学生一起来分析一下,这些情况反映了同学们存在哪些问题?

活动3:以漫画的形式,请同学们分析,现在的我们存在哪些问题?

第一组漫画如下:

(a)　　　　　　　(b)　　　　　　　(c)

小结:第一组漫画主要是关于课堂表现,在漫画中,提出自身、班级同学存在的不足之处,并分析形成原因。

第二组漫画如下:

(a)　　　　　　　(b)　　　　　　　(c)

小结:第二组漫画主要是关于学生作业的情况汇总,学生在分析中反思自己在反馈练习中的各种行为,取长补短。

活动4:小组讨论——早起的鸟儿和虫

你如何看待下列两句话?

有的同学认为:早起的鸟儿有虫吃。有的同学认为:早起的虫儿被鸟吃。

小结：有同学可能希望自己成为自由自在能翱翔天际的大鸟，所以勤奋刻苦，但就是会有人在你兴致勃勃追逐梦想的时候，一盆冷水浇上来。他告诉你，早起的虫儿被鸟吃。这时候，你还会不会坚持到最后？

相反的，现在我们有些女生会想要变瘦一些，但因为懒惰，她不选择去运动，她可能希望，我周围的人最好都胖一点。我们有些同学自己吃不了苦，不从周围同学那里取长补短，反而喜欢浇冷水，自己变强的方式是把周围同学的水平拉低一点。

四、坚持自我，成就梦想

1. 教师讲解故事

（1）莫奈坚持自我，成为印象派创始人。

1874年，34岁的莫奈和一些画家在巴黎举办了一次画展，在那个年代，传统的学院派仍是画坛主流，许多达官贵人喜欢重金购置端庄的人像，主流文化喜欢描绘宏伟的历史场面。但莫奈举办的这次画展中的画却都是简朴的日常生活、山山水水，下笔粗放，颜色鲜艳。人们评论说"疯狂、怪诞、反胃、不堪入目！"画展旋即为大街小巷所热议，群众不但前往嘲笑，甚或向画布吐口水。在这其中，莫奈所绘的一小幅海景，受到的嘲讽最多。这幅画画的是哈佛港晨景，题名为《日出》。有一个批评家讽刺这幅作品是"对美与真实的否定，只能给人一种印象"。这次画展一张画都没卖出去。你们猜，莫奈做了什么？莫奈便将这幅画命名为《日出·印象》。并且，莫奈还劝朋友们画派名称就叫"印象派"，最后莫奈成为了印象派的代表人物和创始人之一。

1888年，法国公开承认了他的地位，要颁发荣誉勋章给他，但是莫奈拒绝了，他说他绝不向传统低头。所以同学们，在坚持梦想的路上，也许周围人的目光会成为你的负累之一，如果你也被嘲笑，你会像莫奈一样坚持做自己吗？

（2）苏轼坚持抄背《汉书》，终成文坛领袖。

苏轼被贬后他的好友来访，通报进去之后，很长时间也不见苏轼出来。友人走也不是，留也不是，很是尴尬。过了足足一个时辰，苏轼才走了出来，他向友人道歉，说自己正在做功课，所以不能马上出来，实在抱歉。友人很好奇，说你在做什么功课？苏轼拿出一张纸，只见上面一个字，空很多，又一个字。友人不解，苏轼说，你随意抽一个字，友人一说，苏轼就顺着这个字开始背汉书。

原来苏轼在家里，练习用记关键字的方法，背《汉书》。友人大惊，这样的大才子依然在背《汉书》。那么试想，我们普通人是不是更应该重视我们文科的背默。

2. 同学分享故事

案例1：从反复练习到身体记忆——诸乐怡

我的偶像：张艺兴，1991年10月7日出生于湖南省长沙市，中国男歌手、演员。

因为在韩国练习生竞争力都很强，所以张艺兴会以最高的标准来要求自己。练习生时期他每天会练到12个小时。在练舞的时候他为了找到跳舞时的轻盈感，会偷偷把两三千克的沙袋和哑铃绑在身上边唱边练，这是完全自损式的练习方式，但他为了自己的身体能够承受更大的负荷，坚持到即使腰伤还要继续。在冬天，训练了一天以后，常常衣服的汗都能拧出水来。对他而言，那是没有记忆的两年，生活除了练习什么都没有，因为太拼命，每次都是留到最后一个才离开教室。

"在站上舞台的瞬间，我才懂得那些纠结到每一个角度都必须一致的强迫症般的千百次练习，为的就是在这样的脑子抵不上用处，只有身体记得的时刻。我的身体站上去了，但我的心并没有立上去。因此那时让我有勇气面对所有的声音和灯光的，只是来自身体的记忆。""是否真正属于这个舞台，我对自己还抱有很深很深的忐忑。但歌还是要唱下去，舞还是要跳下去……在脑子一片空白无法思考的时候，完全是凭借着练习时身体的记忆撑完了全场。还好后来回头去看出道录像的时候，不是担心中的样子。""没有人可以决定自己会有什么样的未来，但那些积累在身体上的感觉，决定了你可以站起来

的那一刻,你会是怎样的站姿。"——张艺兴

案例2：暑期田径训练感悟——朱青亭

今年7、8月的暑假,我们田径队组织了一次去安吉的集训,听上去你也许会认为我们是去游山玩水的,但事实并非如此。此次集训为期十天,每天的训练都有严格的日程安排,任务繁重。如果用一句话来概括每天6小时的训练——那就是换着法子跑山路。

令我记忆犹新的是,有一天,一大早就被告知,今天的第一个任务就是要跑9千米的山路。当时,我心里是满满的拒绝,由于我一向是爆发型选手,耐力差是我自身的缺点,我怎么想,都是不可能完成这9千米的,更何况,还是山路啊！但人在山中,身不由己。在退无可退的情况下,我只能选择开始。

刚开始的路蛮平的,我的感觉也比较轻松,渐渐地,路陡了起来,体力跟不上了,我感觉我的腿越来越重,我开始掉队。但这时,战友们都在互相鼓励说,加油！我反复地也对自己说,加油！5千米处有个补水区！这是我的目标！我要先坚持到那里！

虽然头晕,腿发软,但我成功地撑到了补水区。我还能跑么？看到同伴们也很累,却没打算放弃,我也咬紧牙关,继续坚持。没想到一出补水区,就是十分陡的路,据说这样要一直持续4千米,想到这里,我的内心除了崩溃以外,还有个声音告诉我,别人能跑,我也可以。

可现实是,一开始我就掉队了,有位学长还曾试着在后面推着我跑,但这样其实大家都更累。接下来的路程我像是自己给自己洗脑一般,腿早已感觉不是我的,脑袋空空,就像是身体记住了跑步的姿势一般撑到了7千米,虽说我没有完成既定的9千米目标,但我却突破了自己的极限。

下山后,我的短跑成绩突飞猛进,100米突破了14秒,最终稳在13秒8。可见在山上集训受的这些苦,都转化成了我的收获。

现在回想起来,每当我跑不动时,我能坚持的原因,是给自己定了一些短期目标和自我暗示。先完成每一次的训练任务,再坚持每一天的,每当我完成一天的训练,我都会反复对自己说,再坚持坚持。

就这样,不知对自己说了多少遍。要学会苦中做乐,树立信心,应该给自己积极的心理暗示,鼓励自己。

坚持,是运动员的特质之一。在高强度、高压的情况下,只有拼尽全力去努力,才可能突破以往的成绩。当你取得成功,获得赞美时,回想过去的种种,在接受他人羡慕的目光时,你会特别坦然,因为你比他人付出的更多。

小结:两位同学或从他人身上,或从自身经历,分享了他们对坚持的理解,我们从张艺兴身上看到的是反复练习,练到当你上台因为紧张大脑一片空白的时候,你的身体却因为过去的反复练习而"记得"一切,完整呈现出你最完美的状态。从朱青亭身上看到的是在每天刻苦的训练中,在老师专业的指导下,日复一日的集训中坚持下来,得到了自我的提升。

活动5:自测——遇到困难,你会坚持到最后吗?

做一套心理测试题,理性分析自己的意志品质如何。

　　　　自测题——遇到问题,你能坚持到最后吗?

【测试题目】请在最贴近你自身情况的选项上打"√"。

1. 你对自己所许下的诺言所抱的态度是?

　　A. 只能维持几天。

　　B. 维持2~3年。

　　C. 一般说过就忘了,懒得去想什么诺言。

　　D. 到适当的时候就违背它。

2. 每个工作日的清晨,你的状况是?

　　A. 固定时间点,闹钟一响,就起来了。

　　B. 多定几个闹钟,总能把自己闹醒。

　　C. 每天都会拖一拖,需要别人喊,比预计起床时间要晚。

3. 每天的英语背默中,你的实际情况是?

　　A. 我做笔头作业都来不及!没时间背。

　　B. 每天晚上都认真背了,第二天默不出的就订正。

　　C. 每天晚上按时完成,不完成不睡觉,早上还要再巩固一遍,差错率很小。

　D. 每天都会背,但我背不出全部。

4. 你正努力存钱,所以制定了花费的金额限制,打算自己交下学期学费。但双11要到了,你一直想要的一个物品半价! 但它却超过了你的预算,你会?

　A. 删掉购物车内的物品,眼不见为净。

　B. 退而求其次,买一件类似物品,但在自己的目标金额内。

　C. 不顾一切买下它,宁愿哀求父母借钱给你。

　D. 放弃它,没有任何东西能阻碍你的旅游大计存钱大计。

5. 你从朋友A处知道了朋友B的一个秘密,你保证过不会说出去,但却极欲与别人分享,你会?

　A. 立即告知另一个朋友。

　B. 不打算告诉任何人,但每次聊到类似话题,都旁敲侧击表示自己知道。

　C. 什么也不做,守得住秘密你才留得住朋友。

6. 你正在朋友家中,茶几上放着一大包你超爱的散装巧克力,但你的朋友无意给你吃。你发现拿走一部分并不会被发现,当他离开房间时,你会?

　A. 立即吞下一块巧克力,再抓一把塞进口袋里。

　B. 吃一块并告诉自己"我只吃一块!"

　C. 在朋友回来后,不断用眼神示意巧克力,希望朋友开口让你吃。

　D. 对自己说:"什么巧克力? 我很快就有一顿丰富的晚餐。"

7. 复习阶段你想在早上6点起床温习功课,晚间便有更多时间,令你做事更有效率。你会?

　A. 虽然每天早晨6点闹钟准时闹醒你,但你仍然赖在床上直到9点才起来。

　B. 把闹钟调到5点半,以便能准时在6点起床。

　C. 一般会在6点半起床,然后尽快使自己清醒。

D. 算了吧,睡眠比复习功课更重要。

8. 朋友想约你今晚组队看夜场电影,但你需要明早6点起床,你会?

   A. 看到10点结束,明天多定几个闹钟。

   B. 拒绝,好好地睡一觉。

   C. 视情绪而定,要是当天太疲倦就和朋友说一声不去了。

   D. 先看了再说,然后倒头大睡,明天很有可能起不来。

9. 医生建议你多做运动,你会?

   A. 只在一两天照做。

   B. 会订计划,设好闹钟,但有时候就是会有突发情况让自己完不成。

   C. 会订计划,设好闹钟,能保证完成。

   D. 最初几天依指示去做,之后想到就做。

10. 你要在6周内完成一项重要任务,你会?

    A. 在委派后即开始进行,以便有充足的时间。

    B. 限期前30分钟才开始进行。

    C. 每次想动手时都有其他事分神,你不断告诉自己还有6周时间。

    D. 立即进行,并确定在限期前两天完成。

【计分方式】此测试题共10道题目,答案是根据每道题选项的分数值累加得到的,请按照下面的计分表,统计好自己的分数:

1. A. 2 B. 4 C. 1 D. 3   2. A. 3 B. 2 C. 1
3. A. 1 B. 3 C. 4 D. 2   4. A. 2 B. 3 C. 1 D. 4
5. A. 2 B. 1 C. 3   6. A. 1 B. 2 C. 3 D. 4
7. A. 2 B. 4 C. 3 D. 1   8. A. 3 B. 4 C. 2 D. 1
9. A. 1 B. 3 C. 4 D. 2   10. A. 3 B. 2 C. 1 D. 4

1. 分数为18分及以下

   你很想坚持你的各种计划,可惜很少能坚持到底。

2. 分数为18~30

   你会权衡轻重,对于有些事你会坚持到底,但有些决定会因情况变化而变化。

3. 分数为 32 分及以上

你的意志力惊人,不论任何人、任何情形都不会使你改变主意。

活动 6:游戏——拍掌

教师数 1,请同学们拍掌。回想,你是左手在上,还是右手在上?请同学们反方向跟着老师的节奏击掌 30 次,当老师喊出"31!"

看看你是否已养成了新的习惯。这就是为什么我们常说"坚持一个月,你就能养成习惯"。

小结:行为心理学的研究表明:21 天以上的重复会形成习惯;90 天的重复会形成稳定的习惯。

活动 7:请学生齐读这段一位母亲写给儿子的话:

孩子,我要求你读书用功,不是因为我要你跟别人比成绩,而是因为,我希望你将来会拥有选择的权利,选择有意义、有时间的工作,而不是被迫谋生。

当你的工作在你心中有意义,你就有成就感。当你的工作给你时间,不剥夺你的生活,你就有尊严。

成就感和尊严,会给你快乐!

小结:善始者实繁,克终者盖寡。

成功路上没有失败,因为在坚持之下,你会成为最好的自己。

解读:我们常感慨中国 10 多亿人居然找不到 11 个足球天才——如果天才是天生的,那么 10 多亿人相比其他国家必然足以产生很多天才。所以世上本没有无须努力的天才,却有只有坚持,才有可能获得最后的成功。

我的大学,我的梦

上海市朱家角中学 钱韡韡

【背景分析】

进入高三,多数学生都确定了自己奋斗的目标和心中理想的大学,都为了高考而倾注自己的所有精力,能够意识到学习的重要性。但与此同时,高三学生普遍感到高三学习压力之重,面对不确定的明天,很多学生在忙碌的学习生活中迷失了方向,失去了动力;更有少数同学在生理或心理上产生了不适应的状况,甚至产生了倦怠等消极情绪。在这种情形下,本班计划开展一次"我的大学,我的梦"的主题教育课,旨在通过让学生感受大学精彩生活,激发他们对大学的憧憬之情,并通过交流高三学习压力,引导学生做好心理调适和情绪疏导,帮助学生找到自信,用积极、坚定、乐观的态度来追求心中理想。

【教学目标】

1. 认知目标

以现实案例开展讨论交流,剖析产生心理问题的根源,引导学生认识并正确对待高三学生面对压力普遍面临的几类心理问题。

2. 情感目标

引导学生体会成功固然让人欣喜,而高三时代紧张枯燥、充满压力的拼搏和坚持的过程也是人生一笔宝贵的财富。

3. 行为目标

引导学生了解自身优势、找到自信,并正确面对各类心理问题,采取各种积极方式克服心理问题,为自己理想大学而奋斗,不轻言放弃。

【预设问题】

（1）大家心中是否已经有了报考的方向了呢？你的目标是一本还是二本？你的成绩是否已达到或稳定于相应的分数线呢？

（2）在高三的学习生活过程中，我们必定会承担一定的心理压力，那么我们该如何正确面对呢？又该如何解决这些心理压力呢？

【教学准备】

（1）搜集大学图片和前两年内高班高考一本、二本录取分数线。

（2）准备各类视频。

（3）准备励志歌曲。

（4）制作PPT。

【教学过程】

课前播放歌曲《奔跑》（导入）

一、认识自我

相信大家心中一定都有梦，只要我们全力奔跑，梦想就在彼岸。刚才课前大家所听到的歌曲《奔跑》，其中，还有一句歌词让我感动——把浩瀚的海洋装进胸膛，即使再小的帆也能远航。它告诉我们：心中，要有美丽的梦想；而脚下，要有坚定的步伐。

同学们，我们已经共同起航了高三这艘梦想之船3个多月的时间了，我们正航行在通往美丽大学的海洋上，这趟梦想之旅充满着冒险和刺激，有太多的不确定因素，那么我们的追梦之旅接下来应该如何正确度过呢？

首先，让我们大家来欣赏一下我国多所高校的照片，来近距离感受一下大学的气息。

活动1：高校知多少

提问：看到这么多令人向往的大学，大家有什么想法呢？请大家想象一下，进入大学，你的学习和生活会是什么样的呢？课余时间又会做些什么活动呢？

小结：其实，只要大家心中有梦想，有理想的大学，不管你的梦想有多大，只要你付出自己辛勤的汗水和智慧，一定能够披荆斩棘，到达理想的彼岸！

二、诊断自我

1. 寻找差距看清现实

同学们，我们已经一起在朱家角中学美丽怡人的校园里度过了三年多的青葱岁月，这里充满着我们的欢声笑语，也见证了我们的悲伤痛苦，如今，历经了岁月的洗礼，我们告别了青春懵懂，来到了为梦想冲刺的时刻。现在我们更应该抬头望向前方了，我们正面临人生非常重要的转折点之一——高考！我们先来审视一下自己，我们目前的现状是怎样的。

近两年，我们内高班的高考录取最低分数线，包括一本线和二本线（见下表）。

年 份	民考民		民考汉		汉考汉	
	文本/文专	理本/理专	文本/文专	理本/理专	文本/文专	理本/理专
	文科	理科	文科	理科	文科	理科
2015届一本	386	385	415	412	499	514
2015届二本	280	270	320	300	355	380
2015届专科	255	230	270	240	323	300
2014届一本	385	388	410	397	490	509
2014届二本	300	286	315	291	347	378
2014届专科	260	255	275	260	293	282

活动2：我的目标

提问：看了高考录取分数线的表格，结合自身的具体情况，包括几次月考的成绩，大家有什么看法吗？心中是否已经有了报考的方向了呢？你的目标是一本还是二本？你的成绩是否已达到或稳定于相应的分数线呢？

小结：大家对表格的看法差不多，都认为自己离考上理想的大学还有一定的差距，但幸好我们都在努力，幸好我们也还有一段时间可以努力，我坚信通过我们大家一齐努力，同学们心中理想的大学校门一定会为你们而敞开！就像我们班级里的标语一样，"长风破浪会有时，直挂云帆济沧海！"

2. 正视自我心理压力

追寻梦想的道路，向来都是一条布满荆棘的坎坷路，实现梦想更需要付出常人难以想象的艰辛，近来，我们同学在努力拼搏的同时，在心理上或多或少都产生了一些变化，尤其当面临繁重沉闷的高三学习生活的压力时，更是常会觉得自己心里有些承受不住。下面让我们来听听几位同学的压力来源吧，我们也来为他们出出主意，应该怎么办？

活动3：直面压力

请同学谈谈自己的压力之源。

提问：听完这些心理压力之后，我相信大多数同学都深有同感，那么我们该如何正确面对呢？又该如何解决这些心理压力呢？大家交流2分钟（配乐），接着请各位同学来帮忙出出主意。

小结：常言道"旁观者清"，当别的同学出现心理问题时，我们能够给出有见地的建议，那么当我们自身遇到这样的心理问题时，我们也应学会自我排解。同学们，你们说是不是呢？

活动4：专家支招

（播放专家视频）

小结：现在这个阶段心理有压力是非常正常的表现，刚才所提到的几种压力来源也是历年高三学生普遍面对压力会面临的几类心理问题,我们要学会正确地面对并正确地对待这些压力。我们要意识到有压力并不是坏事,适当的压力反而能够激发我们的肾上腺素,激起我们的斗志。我们也不要害怕说出自己的压力,更不要闷在心里,适当地找同学、找师长、找心理老师聊聊自己的压力,释放自己未尝不是一件好事!

三、超越自我

1. 寻找自己的优势

活动5:夸夸身边的小伙伴

现在让我们来做一个小游戏:夸夸我的小伙伴。现在这里有2个盒子,请被抽到签的2位同学互相夸夸对方,夸夸他(她)有哪些优点长处,可以是生活、性格上的,也可以是学习方面的表现,等等。

小结:同学们,我们的小伙伴是不是比我们更了解自己呢?我们自己身上这些闪光点,我们自己看见了吗?同学们,每个人都有自己的优点,而且这些优点可能是别人鞭长莫及的,所以我们要有自信,正如李白所说,"天生我材必有用",我们要相信自己,每天起床之后,可以对着镜子里的自己给自己喊话,如"我很棒!""我行的!"等等,还可以不时地进行深呼吸来调整自己的情绪。给自己这样正能量的心理暗示是一个很好的舒压方式。

2. 学姐实战经验谈

活动6:聆听经验

(播放上一届考取清华大学的马姚姚学姐发来的实战经验视频)

提问:同学们是不是也一样憧憬清华园呢?马学姐的一番苦心指导,我们从中学到了什么呢?哪位同学来说说,你看了马姚姚学姐的视频后,你的收获是什么?

小结:马姚姚同学在上高三的时候也是有过和我们同学一样困惑苦恼的思想负担很重、心理压力很大的时候,面对着重复枯燥的生活,她也有过疲惫和松懈,但没有放弃,而是坚持到底并取得了成功。我们向她学习,学习她的坚持,同时要不断鼓励自己,要坚持,要拼搏,总有收获的一天……

3. 写格言鞭策自己

活动7：创编格言并交流

请同学们创编自己的格言、座右铭。（2分钟时间）

小结：座右铭的作用可以勉励自己,鞭策自己,约束自己！希望大家每天都能在早上大声喊出自己的座右铭,希望同学们每一天都能向自己的理想迈进一步。

四、总结

求知、锤炼、成才、成功,这一过程从来都是艰辛而漫长的。毛主席曾说过这样的话："我们要做好长期战斗的准备！要从战略上藐视敌人,在战术上重视敌人！"我们要积极做好心态的调整,只有拥有健康积极的心态,才能使自己的生活更加多姿多彩。"拼搏"是一种不断进取的精神,是永不言败的坚韧精神,是自信自强的挑战精神。这种"放手一搏"的精神在高三强压下的学习生活中尤其显得重要。宝剑锋从磨砺出,让我们立志享受拼搏,坚定信心,相信未来,拼搏出属于自己的精彩的明天吧！

同学们,让我们大家一起演唱一首励志歌曲《我相信》,希望通过这首歌曲,同学们能够再次振奋,坚定信心,勇往直前。

图书在版编目(CIP)数据

高中体验式主题教育课理析与例说 / 蒋伟勇,卓月琴编著 . — 上海 : 上海社会科学院出版社,2020
ISBN 978 - 7 - 5520 - 3395 - 3

Ⅰ.①高… Ⅱ.①蒋…②卓… Ⅲ.①德育—教育活动—教学研究—高中 Ⅳ.①G631

中国版本图书馆 CIP 数据核字(2020)第 249923 号

高中体验式主题教育课理析与例说

编　　著：蒋伟勇　卓月琴
责任编辑：杜颖颖
封面设计：黄婧昉
出版发行：上海社会科学院出版社
　　　　　上海顺昌路 622 号　邮编 200025
　　　　　电话总机 021 - 63315947　销售热线 021 - 53063735
　　　　　http://www.sassp.cn　E-mail:sassp@sassp.cn
排　　版：南京展望文化发展有限公司
印　　刷：江苏凤凰数码印务有限公司
开　　本：890 毫米×1240 毫米　1/32
印　　张：9.125
字　　数：245 千字
版　　次：2021 年 3 月第 1 版　2021 年 3 月第 1 次印刷

ISBN 978 - 7 - 5520 - 3395 - 3/G·1045　　　　定价:39.80 元

版权所有　翻印必究